수치심과 신화에서 벗어나기

영적 거듭남

김홍찬 | 지음

사단법인 **한국상담심리연구원**

수 치 심 과 신 화 에 서 벗 어 나 기

영적

거듭남

목 차

Born again

수치심과 신화에서 벗어나기

영적거듭남

Born again

사단법인 **한국상담심리연구원**

거듭남에 대한 본 교재를 집필하게 된 목적은 교회 내 심각한 분쟁과 가정 내에 갈등으로 인한 고통을 당하는 사람들의 태도를 보게 되면서부터 입니다. 나는 이런 사람들의 태도를 보면서 속으로 "과연 이들에게 거듭남이란 무엇일까?" 하는 의구심이 들었습니다. 그리고 나 자신에게 먼저 물어보게 되었습니다. "너에게 거듭남이란 무엇인가? 너는 진정 고통을 당할 때 거듭난 자로써 내면에 하나님 나라를 보는 눈을 갖고 있는가?" 나 자신에 대한 이러한 질문에 대해 한편 걱정과 불안을 갖게 되었습니다. 나는 고통을 당할 때 거듭난 자로써 내면에 하나님 나라를 먼저 보아야 하기 때문입니다. 그러나 사실 나는 너무나 고통스러울 때 하나님 나라를 보기가 참으로 어렵다는 것을 발견하게 되었습니다. 그래서 이러한 고민과 갈등에 대해 예수님과 니고데모의 만남을 다시 보게 되었고 무엇이 거듭남을 방해하는지에 대해 심도 있게 연구하게 되었습니다. 나는 밤중에 니고데모가 예수님께 찾아온 이유는 그의 고통 때문이라고 여깁니다. 그의 고통을 알 수는 없지만 그는 너무나도 고통스러웠으며 누군가의 도움을 필요로 하였습니다.

예수님은 니고데모의 이런 현실을 직시하시고 그에게 "거듭나지 아니하면 하나님 나라를 볼 수 없느니라"는 말씀을 하셨던 것입니다. 그리고 그 말에 대해서 이해를 하지 못하고 있던 니고데모에게 재차

설명을 하십니다. "육으로부터 난 것은 육이고 영으로부터 난 것은 영이다."(요3:6)

　나는 주님의 말씀을 기초로 두 가지 차원의 거듭남을 분류해 보았습니다. 즉 육으로 난 것은 육적인 거듭남이고 영으로부터 난 것은 영적인 거듭남이라고 말입니다. 그리고 육적인 거듭남이 어떤 상태이며 영적인 거듭남으로 가려면 어떻게 해야 하는가를 생각해 보았습니다. 바로 이러한 점을 규명한다면 현대인들이 영적인 거듭남으로 갈 수 있을 것이라고 여겼기 때문입니다.

문제 제기

　먼저 이런 질문을 던져 보겠습니다. "당신은 진정 거듭난 사람입니까? 그리고 그렇게 살고 있습니까? 당신에게 거듭남이란 무엇을 말하는 것이고 거듭남은 당신이 고통을 당할 때 어떠한 영향을 미치고 있습니까?" 이런 질문을 받았을 때 당신은 무엇이라고 답변하실 수 있습니까? "예, 전에 거듭난 적이 있었습니다. 그러나 너무 오래 전이라 시간이 많이 흘러서 그것이 퇴색되었고 지금은 나의 고통 속에 큰 영향력을 미치지 못하고 있네요." 하거나 "저는 사실 오랫동안 교회생활을 하였지만 거듭나는 것이 무엇인지 잘 모르겠네요. 교회에서 설교로 그 필요성을 들어서 알고는 있지만 구체적으로 어떻게 거듭나는 것인지 배운 적이 없습니다." 라고 대답하든지 "예, 저요 저는 거듭났다고 말할 수 있습니다. 왜냐하면요. 저는 예수를 잘 믿거든요. 주일예배, 수요예배, 철야기도회, 십일조와 봉사생활에 열심히 있거든요. 남들도 제게 예수 잘 믿는다고 칭찬하고 있고 목사님도 인정하시거든요. 하지만 고통스러울 때는 저는 돌변해 버립니다." 하거나 "거듭남? 그것이 뭐죠? 교회 빠지지 않고 예수만 잘 믿으면 되는 거 아닌가요?" 하거나 "예수를 구주로 영접하고 믿는다고 고백하면 거듭난 것이 아닌가요?" 라고 말할 것이라고 예상할 수 있습니다.

거듭남에 대해서 이렇게 여러 가지로 말할 수 있지만 거듭났다고 믿고 있는 사람들이 고통 즉 편견과 낮은 자존감과 열등감 그리고 과거의 상처로 괴로워하고 있는 이유는 무엇인가? 하는 부분에 대해서 무엇이라고 대답할 수 있습니까?

부부가 만나면 서로 으르렁 거리고 싸우게 된다는 것을 호소하는 김 집사님, 부부이지만 남보다 못한 지경에 이르러 헤어져 별거해야만 하는 생활을 하고는 있지만 교회생활에는 무엇보다 열심을 갖고 있는 이 권사님, 목사님에게 상처를 받아서 교회를 쉬고 계신 박전도사님, 남편을 원수처럼 생각하고 헤어지고 싶으나 남의 눈치로 고독하게 지내는 최 권사님, 외로움과 절망으로 홀로 지쳐 지내는 신앙 좋은 홍 자매, 목사이든 장로이든 누구든지 자기 마음대로 판단하고 휘두르며 모든 교인을 흔들어야 직성이 풀리는 제멋대로 노 권사님 이런 이들을 열거하려면 수도 없이 말할 수 있습니다. 이 모든 부분이 전부 고통이라고 말할 수 있습니다.

그런데 이들을 알고 보면 이분들은 여전히 주님을 사랑하고 있고 주님을 믿고 의지하고 있었으며 과거 어느 시점이든 예수님을 영접했던 경험이 있었다는 것입니다. 그러나 이들의 절망은 시간이 지날수록 과거보다 더욱 증폭되어가고 있었고 빈껍데기만 남아 있는 것처럼 공허하게 신앙생활을 하고 있습니다. 이들은 믿음생활을 하고는 있지만 자기 나름대로의 신념과 허전함은 없어지지 않고 어느 시점이든 고통 즉 문제만 생기면 극단적인 감정과 이기심과 절망감으로 문제를 바라보고 대처하고 있는 것입니다. 그 이유는 무엇일까요?

육적인 거듭남

예수님과 니고데모의 만남에서 니고데모는 "거듭나지 아니하면 하나님 나라를 볼 수 없느니라"(요3:3)는 예수님의 말씀을 들었습니다. 니고데모는 그 말씀을 글자 그대로 알아들었습니다. 그래서 처음에는 주님의 깊은 뜻을 잘 이해하지 못했습니다. 그래서 예수님은 재차 더욱 깊게 그 의미를 설명해 주셨습니다.

"육으로부터 난 것은 육이고 영으로부터 난 것은 영이다."(요3:6)라고 말씀하신 것입니다. 여기에서 육으로 난 사람은 세상적인 가치관이나 문화에 의한 삶을 살아가는 사람을 의미합니다. 나는 이 부분을 '육적인 거듭남'이라고 부르고 있습니다. 육적으로 거듭난 사람들은 겉으로는 거듭난 것처럼 보이지만 실상 즉 속 깊은 곳 영혼에까지 거듭나지 않은 사람을 말합니다. 그들은 세상적인 삶의 가치관을 그대로 유지하고 있으며 영혼의 터치가 되지 못한 상태를 말합니다.

이들은 거듭났다고 말하기는 하지만 영혼에 의한 변화가 이루어지지 못하고 생존을 위한 삶의 방식은 그대로 유지한 채 신앙생활을 유지한다고 말할 수 있습니다.

어떤 이들은 육적인 거듭남에 대해서 이렇게 말할 수 있습니다.

"어떻게 되었든지 간에 예수를 잘 믿으면 되는 것이 아닌가?" 하는 것입니다. 결과적으로 교회생활 잘하고 예배와 헌신 그리고 공적인 생활에 문제가 없으면 되는 것 아닌가 하는 것입니다.

겉보기에 교인으로써 큰 문제가 없고 교회에서 교인들에게 인정받으면 그것으로 거듭났다고 보면 된다는 것입니다. 그러나 그렇지 않습니다. 이들은 문제나 위기를 만나면 너무도 쉽게 과거로 돌아가게 되고 믿는 자로서의 삶의 태도는 전혀 보이지 않기 때문입니다. 마치 모래 위에 지은 집처럼 바람이 불거나 폭풍이 몰아치면 쉽게 무너져 내리기 때문입니다. 거듭났는데 왜 이런 문제가 생길까요?

그 이유는 우리에게 수치심과 허탄한 신화가 여전히 작동하기 때문입니다.

수치심은 자기 자신에 대해 문제의식을 갖는 것을 말하고 허탄한 신화는 생존하기 위해 형성된 변질된 신념을 말합니다. 거듭났는데도 불구하고 이 두 가지가 인간 내면에 뿌리 깊게 자리 잡고 있기 때문입니다.

인간은 포장과 은폐의 전문가들입니다. 또한 인간은 자신의 진정한 면을 감추는 데 천재들입니다. 사실 우리가 세상을 살아가면서 자기 속을 다 비추기란 불가능합니다. 그래서 상대방에게 인정받기 위해서 혹은 자신을 감추기 위해서 거짓된 모습을 보이기 시작합니다. 이런 삶을 오랫동안 지속하면 자신이 원치 않았지만 하나의 삶에 대한 태도가 형성되는 것입니다.

우리는 어려서부터 우리가 생존하기 위해서 나름대로 개발한 생존 방식이 있습니다. 그 생존방식은 사람마다 다르게 나타납니다. 예를 들어 무서운 개가 앞에 나타났을 때 사람마다 그 상황을 대하는 모습이 다릅니다.

어떤 이는 우선 피하고 숨으려고 하는 사람이 있습니다. 같이 맞붙어 싸우려고 드는 사람도 있습니다. 혹은 주변의 사람들에게 도움을 호소하는 분이 있을 것입니다. 그 개를 서서히 달래려고 하는 사람들도 있습니다. 주위의 물건을 들어 그 개를 때리려고 할 수도 있습니다. 여러 가지 모양으로 그 상황을 대처할 것입니다. 단순한 사건에 불과하지만 그것은 살기위한 하나의 생존방식이라고 할 수 있습니다. 그 모습은 그동안 그가 살아오면서 체득했거나 경험되어진 방법으로 진행할 것입니다.

이런 방식은 예수님이 말씀하신 "육으로 난 것은 육이요" 라는 말씀에서 세상과 문화 속에 젖어서 우리가 살아가면서 만들어진 신념 즉 허탄한 신화라고 표현하는 것입니다. 그 신화는 어려서부터 만들어진 것입니다. 인간은 그 신화에 의해서 삶을 보게 되고 만들어 가는 것입니다. 마치 거미가 거미줄을 만들어 내듯이 그 신화가 연속적으로 매사건마다 이어지게 되어 결국 한 인간의 삶의 방식과 형태가 만들어지게 되는 것입니다.

예를 들어 야곱은 어려서 태어나면서부터 경쟁구도를 가지고 태어났습니다. 형에게 지기 싫어하는 그의 삶의 태도는 형으로부터 장자권을 사고 아버지의 축복을 가로채게 되었습니다.

그리고 그는 외삼촌 라반과 경쟁적으로 다투었습니다. 그의 유산은 그의 아내 레아와 라헬과 이어지게 되었고 자녀들에게 이어져서 결국 요셉과 그의 형제들이 경쟁하는 상태에 이르게 되었습니다. 야곱의 생존방식은 "이기고 보자"는 신화를 만들어 냈습니다. 이런 신화적인 삶의 방식은 모세, 요나 등에게도 있습니다. 신화는 세상 속에서 자신이 만들어낸 것이며 하나님의 뜻과는 아무런 관계가 없습니다. 하나님의 뜻은 야곱이 경쟁 주도적으로 살아가는 것이 아니기 때문입니다. 하나님은 각자에게 살아오면서 만들어진 신화에 의한 삶의 방식이 아니라 하나님이 주시는 삶의 원리를 가지고 살아가기 원하시는 것입니다.

두 번째는 수치심입니다. 우리가 수치심을 말하지 않으면 안되는 이유는 수치심이 그만큼 우리의 삶에 막대한 영향을 미치기 때문입니다. 인간이 만일 수치심을 갖게 되면 방어벽을 갖게 되고 자신 스스로를 인정하거나 받아들이지 못하게 됩니다. 하나님은 우리가 죄가 있음에도 불구하고 사랑하십니다. 그리고 예수님은 우리의 죄를 위해 십자가를 지셨습니다. 그러나 정작 우리는 자신을 용서하거나 스스로를 인정하지 못하는 것입니다. 그래서 방어적인 삶의 태도를 만들어내고 자신을 인정하지 못하고 자책하거나 남의 이목을 의식하면서 살아가는 것입니다. 결국 수치심의 사람들은 극단적인 형태를 가지고 인간 이상이 되든지 인간 이하가 되려고 시도하게 됩니다. 남에게 훌륭한 모습을 보이려고 시도하든지 아니면 자포자기의 상태로 막무가내의 인생을 살든지 하는 것입니다. 이러한 삶의 방식은 가정, 교회생활, 인간관계에서 극명하게 나타나게 됩니다.

결국 이러한 신화와 수치심이 어느 정도 자리 잡고 있는 상태에서 수많은 노력을 기울이고, 교회생활을 열심히 시도해보지만 그 결과는 대단히 극단적이고 치우친 결과가 나오게 되는 것입니다. 거듭났다고 하지만 신화와 수치심이 여전히 존재한 상태에서는 고통 속에서 진정한 자신의 참모습이 변화되었다고는 볼 수 없습니다.

그러므로 신화와 수치심이 해결되지 않고서는 진정한 거듭남이라고 말할 수 없습니다. 이런 상태를 육적인 거듭남이라고 부르는 것입니다. 육적으로 거듭난 사람들도 어느 정도는 교회생활이든 가정생활을 유지할 수 있습니다. 그러나 그것은 허탄한 신화와 수치심에서 기초하였기 때문에 고통 속에서 진정한 자신을 드러내지 못하고 환경에 적응하는 데 머무르는 삶의 방식을 여전히 갖고 있다는 것이 문제입니다. 그들은 삶을 포장하면서 살아가며 진정한 자신의 모습을 숨기는 삶을 살아갑니다. 많은 분들이 이 부분을 해결하지 못한 채 곤고한 지경에 이른 분들이 많습니다.

그 결과

- 가정이나 교회에서 비현실적이 되거나 잘 적응하지 못하게 됩니다.
- 하나님의 말씀 위에서 살아가는 것이 아니라 세상이나 부모에게서 배운 문화나 습성 그대로를 고수하려고 합니다.
- 하나님이 원하시는 것은 사랑과 용서를 기초로 한 인간관계를 원하십니다. 그러나 이들은 공격과 방어의 두 축에 따라 움직일 뿐입니다.
- 위기가 닥치면 자기 이익을 추구하는 대로 행동하며 절대 손해 보려고 하지 않고 그동안 생존하기 위해 사용했던 생존방식을 여

전히 사용합니다.

- 그리스도 안의 자유와 타인을 이해하려는 마음보다는 이전에 원가족에서 익숙해진 역할과 편견, 고정관념을 그대로 유지합니다.
- 교회생활은 언제나 하나님께 대한 감사하는 마음에서 시작되어야 합니다. 그러나 이들은 다른 사람의 이목과 인정받기 위해 언제나 목말라 합니다.
- 교회 내에 다른 사람으로부터 조금이라도 인정을 받지 못하면 낙심하거나 분노합니다.
- 교회 내에 일어나는 크고 작은 사건에 언제나 민감하여 과잉반응을 보이며 일을 크게 벌리는 경향이 있습니다.
- 교회에 나오지만 교인들과 속 깊은 대화나 교제가 없고 자기에게 불리해지면 숨어버리거나 도망칩니다.
- 마음 한구석에 언제나 허전하고 공허하며 껍데기 같은 느낌이 자리 잡고 있습니다.
- 교회에서 한사람에게 과도하게 밀착되거나 소외시켜서 인간관계를 원만하게 하지 못합니다.
- 극단적인 종교 열광주의에 심취해 있거나 성경을 율법적으로 믿는 것을 자랑으로 여깁니다. 교인이나 부부 간에 친밀감을 갖지 못하며 우정과 애정을 구별하기 힘들어 합니다.
- 항상 자신과 타인에게 칭찬을 하지 못하며 비판과 비난을 자주 하며 자신과 타인의 실수를 너그럽게 받아주지 못합니다.
- 언제나 기분이 좋지 않으며 삐뚤어진 생각을 가지고 있으며 다른 교회를 비판하면서 자신에 대해 우월감을 유지합니다.
- 과거에서 벗어나지 못하고 현재의 삶을 놓쳐 버립니다.
- 근본적으로 자신과 이웃을 사랑하려는 마음이 없습니다.

예수님은 깊은 차원 곧 영적 차원을 알려주셨습니다. "영으로부터 난 것은 영이다."(요3:6) 즉 육으로 난 사람은 세상적인 가치관과 문화에 의한 삶을 살아가지만 영으로 난 사람은 하나님 안에 그 근원을 두고 있다는 말씀입니다. 즉 영적인 거듭남은 세상적인 가치관과 문화에 의해서 생존방식이 결정되는 것이 아니라 순수한 영혼으로부터 삶이 시작되는 것을 말합니다. 아이러니한 것은 순수한 영혼의 상태는 고통 속에서 순수한 영혼이 만들어진다는 것입니다. 순수한 영혼의 상태는 미국의 저술가이며 상담자 존브래드 쇼의 창조적인 사랑 (김홍찬 역. 한국기독교상담연구원)에서 영혼충만(SOULFUL)상태로 표현하고 있습니다.

순수한 영혼의 상태는 존재적인 상태이며 순진무구한 어린아이의 상태입니다. 예수님은 "너희가 돌이켜 어린아이들과 같이 되지 아니하면 결단코 천국에 들어가지 못하리라."(마18:3)고 말씀하셨습니다. 이 말은 인간 본질적인 상태 즉 순수한 영혼의 상태가 되어야함을 말하는 것입니다.

그러면 영적인 거듭남은 어떻게 이루어질 수 있습니까? 우선 영적인 거듭남이 되려면 신화와 수치심에서 벗어날 때 순수한 영혼의 상태가 될 수 있습니다. 그러려면 그동안 굳게 믿어왔던 허탄한 신화가 깨져야 하는데 이는 고통으로만 가능합니다.

순수한 영혼은 위기와 고통 속에서 드러납니다. 살아가면서 위기를 직면할 때나 너무나 고통스러워 절망 중에 있을 때 그때 진정한 영혼의 모습이 나타나기 시작하는 것입니다. 이는 야곱이 얍복강에서 절망과 고통 중에 있을 때 모든 것이 사라져 버리고 난 후에 진정한 자신의 모습을 찾게 되었다는 이치와 같은 것입니다.

캄캄한 밤이나 절대 절명의 순간에는 진정으로 자신의 참모습을 보게 됩니다. 그리고 솔직한 기도를 하게 됩니다. 캄캄한 어두움의 시간에는 절망과 낙심의 시간, 아무런 희망이 없는 듯이 보입니다. 그러나 누구에게나 이 밤은 찾아옵니다. 어느 누구도 예외일 수는 없습니다. 이 밤을 영성가들은 '영혼의 어두운 밤'이라고 표현했습니다. 우리는 니고데모가 예수님께 찾아온 시간이 밤에 찾아왔다는 것에 주의를 기울여야 합니다. 밤은 어두움이고 무감각이고 희망 없음과 절망의 순간을 상징합니다. 이 밤에 예수님을 만난 것입니다. 이때가 니고데모에게는 순수한 영혼의 상태에 이른 것입니다.

누구든지 영혼의 어두운 밤을 만나면 나를 도와줄 신비스러운 사건이 필요합니다. 당신의 영혼은 어두운 밤에 주님을 만나기를 고대하고 있을 것입니다. 당신의 진정한 자신은 그때 드러날 것입니다. 이 순간에 진정한 자신을 찾을 수 있는 좋은 기회가 될 수 있을 것입니다.

거듭남은 순수한 영혼에서 시작되어야 합니다. 그리고 위로부터 주어지는 새로운 탄생이 있어야만 하는 것입니다. 이것이 우리가 영적인 거듭남을 말하고자 하는 이유입니다. 수치심과 허탄한 신화에 의한 삶의 방식을 갖는 것이 아니라 순수한 영혼의 상태에 의한 위로부터 주어지는 거듭남입니다. 여기에서 출발하여 교회생활, 부부생활, 자녀와 관계, 우정, 일과의 관계가 시작되는 것입니다. 여기서 영적인 거듭남이고 모든 그리스도인들이 추구해야 할 부분입니다.

그 결과

- 영혼과 삶이 일치되며 내면에 하나님의 나라가 이루어지는 것입니다.
- 하나님의 뜻을 분별하는 지혜가 있습니다.
- 사랑을 기초로 말이나 행동을 합니다.
- 더 큰 가치 즉 하나님의 나라와 의를 위해서 살아갑니다.
- 작은 일이든 큰일이든지 간에 항상 깊은 의미를 찾으며 의미 있는 삶을 살아갑니다.
- 인격의 중심에 하나님을 모십니다.
- 자신의 근본을 망각하지 않습니다.
- 기쁨과 자유가 있으며 언제나 생명력이 넘칩니다.
- 자연에서 신비로움을 찾으며 모래 알갱이 속에서 우주를 봅니다.
- 이 땅에 살아가지만 영원한 삶을 바라봅니다.
- 하나님과 이웃을 사랑합니다.
- 헛된 일에 허비하지 않는 삶의 방식을 갖습니다.
- 작은 일에서 그 가치를 찾으며 그는 언제나 영적으로나 정신적으로 성장합니다.
- 정직하게 자신을 잘 드러냅니다.
- 자신의 한계를 인정하며 한계 안에서 만족을 유지합니다.
- 타인을 함부로 판단하거나 심판하지 않습니다.
- 자신 안에 있는 하나님의 사랑을 인식하며 타인을 통제하지 않습니다.

– 현실을 있는 그대로 인정하며 살아갑니다.

맺는 말

영적인 거듭남과 육적인 거듭남을 살펴보았습니다. 어떻게 해야 인간의 고통과 절망과 좌절에서 온전한 구원에 이를 수 있는가? 하는 질문은 유대인들의 질문뿐만 아니라 모든 그리스도인들의 질문입니다. 이 질문은 모든 시대에 모든 사람들의 근본적이고 존재론적인 물음이기도 합니다. 니고데모는 예수님께 조심스럽게 찾아와서 그 해답을 얻기를 원했습니다. 예수님은 니고데모가 이런 질문을 먼저 꺼내기도 전에 상대방이 추구하는 본질적 문제를 분명하게 들추어 내셨습니다. 그리고 즉각적으로 그 해답을 내놓았습니다. "누구든지 위로부터 나지 않으면 하나님 나라를 볼 수 없느니라." 예수님은 하나님으로부터 문제의 해결과 답이 있다는 것을 단언적으로 말씀하셨습니다. 그리고 그 답을 얻기 위해서는 거듭남을 통과해야만 한다는 그 거듭남의 필요성을 말씀하셨던 것입니다.

육으로 난 것 즉 수치심과 허탄한 신화를 가지고는 단지 환경과 문화에 맞게 주어진 대로 살아갈 뿐이며 고통과 절망 그리고 아픔과 상처의 문제를 해결할 수 없고 내면에 이루어지는 하나님 나라를 직면하지 못하는 것입니다. 그러나 하나님으로부터 시작되는 영적인 거듭남은 순수한 영혼의 상태가 되어 근원적인 고통을 해결할 수 있고 내면에서 이루어지는 하나님 나라를 보게 되는 것입니다. 이는 앞으로 모든 그리스도인들이 주의 깊게 풀어 나가야할 숙제입니다. 그러므로 교회 지도자들은 거듭나고자 하는 영혼을 면밀하게 관찰하여 그들의 묶여 있는 수치심과 허탄한 신화에서 순수한 영혼의 상태에 이르도록 하며 위로부터 시작되는 영적인 거듭남에 이르도록 해줘야 할 것입니다. 그리고 신화와 수치심이 묶여있는 상태가 아니라 순수한 영혼의 상태에서 물과 성령으로 거듭나도록 도와주는 노력을 기울여야 할 것입니다. 이것이 우리가 원하는 영적인 거듭남의 목표입니다.

나는 문득 "아! 내가 하는 일이 거듭나도록 도와주는 일"이라는 것을 깨닫고는 엄청난 희열과 기쁨을 갖게 되었던 순간이 있었습니다. 그래서 내가 알고 있는 거듭남에 대해서 교재로 만들어야 되겠다는 생각을 갖게 되었습니다. 나는 그동안 막연하게 알았던 거듭남에 대해 구체적으로 알기를 원했습니다. 사실 거듭남에 대해 너무 어렵고 추상적이라고 생각했었습니다. 원리는 알겠는데 구체적이지 않아서 정말 거듭난 것이 정신적으로나 심리적으로 어떤 상태를 말하는 것인지 그것이 무엇인지 알 수 없다고 여겼습니다. 그래서 나는 신학서적에 나와 있는 거듭남에 대해 찾아보았습니다. 다음은 한영태가 쓴 『웨슬레신학』에 기록된 거듭남에 대한 설명입니다.

"거듭남은 하나님께서 우리 안에서 우리의 타락한 본성을 새롭게 하시는 것과 관계됩니다. 거듭남은 실제적인 변화를 의미합니다. 우리를 거듭나게 하시므로 하나님은 일하십니다. 거듭남은 우리 영혼의 깊은 속이 변화되어 죄인이 성도가 되는 것입니다. 거듭남은 하나님의 형상에 복귀되는 것입니다. 거듭남은 죄의 능력을 제거하는 것입니다. 거듭남은 죄인이 새롭게 되는 것을 뜻합니다. 거듭남은 주관적 실제적 사건입니다. 거듭남은 하나님이 성령을 통해 내안에서 하시는 일입니다. 거듭남은 하나님께서 인간 심령 속에서 일으키는 큰 변화입니다. 이것은 죄로 죽은 영혼이 그리스도 안에서 새로 지음 받아 의와 참된 거룩함으로 하나님의 형상으로 새로 나는 것입니다. 그리하여 세상을 사랑함에서 하나님 사랑으로 교만은 겸손으로 혈기는 온유로 미움, 시기 악의는 성실과 온정과 인류애로 변화하는 것입니다. 한마디로 해서 땅에 속한 정욕적이요 악마적인 마음이 그리스도 예수의 마음으로 바뀌어 지는 변화입니다. 이것이 바로 중생의 본질이며 성령으로 태어난 사람은 이와 같습니다."

위의 글을 읽으면서 그렇구나! 하고 이해는 하지만 마음에 뚜렷하게 닿지 않는 것이 사실입니다. 이런 말들이 거듭남에 대해 어느 정도는 알겠지만 좀 더 자세하게 인간적인 면에서 풀어줄 수는 없을까 하는 것이 나의 의문이었습니다. 내가 원하는 것은 거듭남을 구체적으로 삶 속에서 풀려고 하는 것입니다.

거듭남이 처음으로 등장한 것은 2,000년 전으로 거슬러 올라갑니다. 거듭남의 용어는 니고데모가 예수님과 대면하여 대화하였던 주요 내용이었으며 중대한 부분입니다. 니고데모는 당시 유명한 학자요 명망있는 분이었습니다. 반면에 예수님은 갈릴리 지역에서 활동하면서 소수의 사람들에게 알려진 평범한 존재였습니다.

당대의 석학이며 유명한 분이 밤중에 예수님을 찾아왔습니다. 무슨 연고로 왔는지는 자세하게 알려진 바가 없습니다. 단지 알 수 있는 것은 밤에 찾아왔다는 것과 다른 사람들과는 달리 예수님에 대해서 하나님으로부터 오신 분으로 알고 있다는 것입니다. 그 분의 이름은 니고데모였습니다. 예수님과 니고데모의 만남은 한편 신비스러움을 느끼게 합니다. 나는 그가 무엇 때문에 예수님께 찾아왔을까 하는 점이 궁금했습니다. 예수님으로부터 무엇을 얻어내고 싶어서 왔을까? 당신은 이 부분이 궁금하지 않습니까? 그러나 성경은 자세하게 알려진 바가 없습니다. 단지 니고데모의 절박함을 말해주는 것은 그가 밤중에 찾아왔다는 것입니다. 니고데모는 대단히 고통스러웠으며 문제에 대한 해답을 얻고 싶어서 예수님께 찾아왔다고 여겨집니다. 나는 이 장면이야말로 야곱이 얍복강가에서 밤중에 절박하게 기도했던 장면과 비슷하다고 봅니다. 어쨌든 니고데모는 2,000년전 사람이고 그 시대 환경이 지금과 다르다는 것은 분명합니다. 그리고 그의 사상과 생각도 많은 부분 현대인과는 차이점이 있을 것입니다. 그러나 니고데모와 나눈 대화는 나의 가슴과 수많은 사람들의 가슴 속에 살아 있습니다. "거듭나야 하리라" 나는 이 말에 대해 현대적인 시각으로 이 부분을 좀 더 삶 속에서 확대하여 찾아보고자 하는 것입니다.

그러면 예수님은 무엇을 말한 것이고 무슨 의도와 목적으로 니고데모에게 이런 말을 한 것일까 하는 질문입니다. 나는 좀 더 다른 차원의 심도 있는 내용이 없을까 하는 것을 고민하고 있었습니다. 그러던 중 나는 나의 번역의 책 수치심의 치유(존브래드쇼. 저)와 창조적인 사랑(존브래드쇼. 저)를 보면서 이 책에서 말하는 변질된 신념 즉 신화와 수치심으로 인한 거짓된 자아와 행동에 대해서 알게 되었습니다.

그리고 이런 망령되고 허탄한 신화로부터 벗어나는 작업과 변화가 새로운 삶을 형성하는 것이고 그것은 엄청난 변화의 시도이며 거듭남이라고 알게 되었습니다. 나는 그 일을 해왔고 앞으로도 해 나갈 예정이지만 나의 영적, 심리적 지식은 여기까지 이르렀습니다. 나는 이 부분을 알고 나서 무척 흥분이 되었습니다. 그리고 여러 영적 깊이가 있는 분들에게 나의 이런 부분을 조심스럽게 말해 보았습니다. 그들도 이런 말에 대해 동의를 하였고 크게 고무되었습니다. 만약 신화와 정서적 상처에서 거듭남의 필요가 충족된다면 거듭남이 좀더 구체적으로 접근할 수도 있기 때문입니다. 이것은 대단한 영적 혁명이 될 수 있습니다. 왜냐하면 새 술은 새부대에 넣으라고 하였습니다. 21세기는 망령된 신화로부터 벗어나는 일이 너무나 시급한 문제가 되었기 때문입니다. 오늘날 이기적인 문명은 신화를 자극하고 알게 모르게 사람들의 뇌 속에 신화를 만들어주고 가치관을 형성시키고 있기 때문입니다.

본 교재는 신화와 수치심으로부터 거듭남을 주제로 쓰여졌으며 워크숍 및 성경연구 교재로 만들었습니다. 그래서 각 단원마다 질문을 하였습니다. 질문에 대해서 깊이 생각해 보시고 그룹으로 토의하시면서 빈칸을 기록해 보시기 바랍니다.

본 교재에 대해 구체적이고 깊이있는 과정을 훈련받기 원하는 교회는 한국상담심리연구원(02-364-0413)에 연락을 주시기 바랍니다.

본 교재를 통해서 신앙생활을 시작하는 분들이 거듭남의 진리를 깨닫고 체험하기를 바라고, 거듭남의 진리를 생각해 보는 계기가 되었으면 좋겠고 조금이나마 한국교회에 도움이 되었으면 합니다.

김홍찬

제1과

거듭남을 위한 내적 여정

　거듭난다는 것은 인간의 도덕적 완전을 말하는 것이 아니라 자기 영혼을 찾는 것이며 이는 참된 근원이신 하나님과 깊은 만남을 통해서 가능합니다. 세상의 가치관으로만 사는 사람은 자신의 참된 본질에서 그는 자기자신을 이해하지 못하고 잃어버립니다. 그는 그저 살고 있을 뿐입니다. 거듭남은 참된 자기자신이 되는 인간의 내적여정을 상징합니다. 그리고 그 여정은 사람마다 다르게 진행됩니다. 당신이 거듭나는 것은 참된 자기 자신이 되는 것입니다. 하나님이 우리를 이 세상에 보내실 때 영혼을 주시고 이 땅에 보내셨습니다. 본래 자기 자신은 하나님의 목적과 은혜를 알도록 지어졌으며 하나님은 각 개인에게 자신에 맞는 삶을 살도록 계획하셨습니다. 그러나 인간은 하나님의 근본 목적인 영혼과 삶이 하나님의 뜻에 합당한 자기 자신이 되기보다는 방어벽을 만들거나 환경과 사람에게 적응하면서 사는데 급급했습니다. 결국 인간은 진정한 자신을 망각하고 잃어버린 채 기계적인 모습으로 주어진 역할에 순응하면서 살아가야만 했습니다. 거듭남은 '내면에 하나님의 나라가 이루어져 영혼과 감정 그리고 행위가 하나가 되는 것'이라고 말할 수 있습니다. 신학자 불트만은 거듭남에 대해서 "인간이 자기 근본을 망각하지 않은 채 자기 자신을 이해하고 헛된 일로부터 더 이상 괴롭힘을 당하지 않는 존재 방식이다."고 말합니다. 그는 거듭남을 하나의 존재 방식이라고 말하고 있습니다. 즉 인간이 세상에서 살아가는 방식은 삶의 패턴이라고 말할 수 있는 것입니다. 사람이 살아가는 방식은 각 사람마다 차이가 있습니다. 그러나 중요한 것은 삶의 방식이 하나님이 원하시는 영혼의 삶에 맞는 삶을 살아가는 것인지 아닌지를 분별해야 합니다.

인간은 누구든지 생각하고 말하고 상상하고 느끼고 행동하는 나름대로의 방식이 있습니다. 이런 방식은 가족이라는 틀 안에서 어려서 형성되는 것입니다. 이는 어린 시절 아이가 부모와 함께 생존하기 위해 터득되고 형성된 틀입니다. 그 방식이 자유와 사랑을 기초해서 만들어져야 합니다. 그러면 그는 진정한 자신을 인식하면서 살아갈 수 있는 힘이 주어지게 됩니다. 그러나 학대와 폭력 속에서 살아남은 사람은 긴장과 억압된 감정을 안고 살아가게 됩니다. 어느 사람은 좀 더 자유로운 사람이 있습니다. 그러나 어느 사람은 경직되고 굳어져 있습니다. 이것이 주어진 삶의 환경에서 만들어진 패턴입니다. 아마도 그것은 살아남기 위해 나름대로 터득한 방법을 말할 것입니다. 아마도 두 사람을 각각 대할 때면 반응하는 방법도 달라질 수밖에 없을 것입니다. 그러나 두 사람 모두에게 중요한 것은 내적인 것입니다.

어느 환경에서 자라났든지 거듭나야 합니다. 왜냐하면 그들 자신의 삶의 초점이 자기 영혼에 합당한 삶이라는 것을 모르거나 잃어버

렸다면 그것은 영적 죽음과 다를 것이 없기 때문
입니다.

적어도 내적 가치 다시 말해서 영혼의 가치와
중요성을 깨달은 사람이라면 영혼에 하나님의 나
라가 함께 해야 진정한 삶이 된다는 것을 알아야
할 것입니다.

어느 여자 이야기(눅15:8-10)

예수님은 주로 비유로 말씀하십니다. 비유를
통해서 현실에 대한 통찰을 하도록 만드십니다.
우리는 다음과 같은 비유를 통해서 잃어버린 것
을 열심히 찾는 부지런한 한 여인을 보아야 합
니다.

"어느 여자가 열 드라크마가 있는데 하나를 잃
으면 등불을 켜고 집을 쓸며 찾도록 부지런히 찾
지 아니하겠느냐 또 찾은즉 벗과 이웃을 불러 모
으고 말하되 나와 함께 즐기자 잃은 드라크마를
찾았노라 하리라 내가 너희에게 이르노니 이와 같
이 죄인 하나가 회개하면 하나님의 사자들 앞에
기쁨이 되느니라."

어느 여자가 잃어버린 하나의 드라크마를 찾기
위해서 등불을 켜고 빗자루로 부지런히 쓸면서 노

력하는 이야기입니다. 이런 비유의 목적은 이러한 노력과 관심으로 영혼을 찾는 작업이 중요하다는 뜻입니다. 영혼은 밖에서 찾는 것이 아닙니다. 내면에 의식의 등불을 켜고 부지런하게 찾고 찾는 연습과 성찰을 해야 합니다.

함께 나누기

◆ 이 여자는 무엇을 찾는 중입니까? 그리고 왜 찾아야만 합니까?

◆ 우리는 마음속에서 무엇을 잃어버렸나요? 찾아야 하는 종류를 나열하시기 바랍니다. (정서적인 부분, 정신적인 부분)

◆ 영혼을 찾은 자와 잃어버린 자는 어떤 사람을 말하는 것입니까? 구체적인 예를 들어서 설명해 보세요.

◆ 열 드라크마는 전체성을 상징합니다. 이는 하나님과 일치성을 상징하기도 합니다. 그중 하나를 상실했다는 것은 어떤 의미입니까? 사는 동안 그런 경우가 있었나요? 말해보세요.

◆ 잃어버린 드라크마를 찾기 위해서는 등불이 필요합
니다. 잃어버린 자신을 찾기 위해서 등불은 무엇을 말
하는 것일까요?

회개는 비밀속에 있는 내면을 찾아서 드러내는 것입니다. 회개를 통해서 비밀스럽게 진행해 왔던 쓴 뿌리를 드러내는 것입니다. 외적인 것에서 탈피하여 영혼의 심연에서 드라크마를 찾으면 하나님의 천사들이 기뻐할 것입니다. 예수님은 우리 안에서 영혼을 찾도록 회개를 외치셨습니다. 우리들의 죄로 인해서 우리들은 자신을 잃어버렸습니다. 오늘 현대인들은 이런 사실을 알면서도 일부러 간과하며 살아가는 것입니다. 소중한 자신의 인생을 돈과 지위에 맡기며 살아가는 것입니다. 예수님은 우리 안에서 잃어버린 드라크마 즉 영혼을 찾기 위해 위기로 인도하십니다.

성찰하기

하나님께 가는 길은 자신을 성찰하기를 통해서 시작됩니다. 하나님을 알려면 먼저 자신을 알아야 합니다. 자아성찰이 함께 하지 않은 신앙은 남을 비판하기 쉽습니다. 영성가들은 언제나 끝임없는 자아성찰과 하나님의 체험을 강조하였습니다.

영성은 자기성찰과 자아인식을 통해서 하나님께 이르는 것입니다. 높은 것만을 바라보면 하나님이 우리에게 진정 원하시는 것이 무엇인지 알 수 없습니다. 나의 현실, 생각 속으로 들어가고 나의 욕망과 욕정, 나의 필요에 성찰하는 용기를 가질 때 나의 무능을 초월하여 하나님께 인도되며 하나님의 뜻을 알게 됩니다.

거듭남은 참된 자신을 이해하고 영혼과 감정과 행위가 하나가 되는 과정이며 이는 하나님을 만남으로 가능합니다. 그러기 위해서는 자신의 근본을 알아야 합니다. 자신을 돌아보는 눈과 애통하는 작업이 필요합니다. 현재 자신의 모습 즉 사고, 느낌, 행동을 객관적으로 보시기 바랍니다. 그리고 현재 자신이 어떤 상태인지 점검하시기 바랍니다. 거듭남이란 "하나님이 나를 창조하신 본래의 진정한 자기를 찾는 과정"입니다. 즉 자신의 근본을 이해하고 새로운 삶의 상태가 되는 것을 말합니다. 거듭난다는 말이 글자 그대로 이해하면 어머니 뱃속에 들어갔다가 다시 태어나는 것을 말합니다. 처음에 니고데모는 이런 식으로 이해하였습니다. 거듭남을 단지 육체적 상태, 외적인 상태로 안 것입니다. 그러나 거듭남은 결코 외적인 상태의 변화를 말하는 것이 아님을 예수님은 재차 알게 해주셨습니다. 그리고 이런 것을 알지 못하는 니고데모를 책망하셨습니다.

"너는 이스라엘의 선생으로써 이런 것을 육체적인 것으로 이해하느냐?" 그리고 예수님은 더 깊은 차원을 알려주십니다. "육체로 난 것은 육체이고 영으로 난 것은 영이다." 이 말씀의 뜻은 육신적인 시각에서 벗어나야 함을 말합니다. 육신적인 사람들은 나름대로 세상을

보는 이해방식을 가지고 있습니다. 육신적인 가치관과 관점으로 세상을 바라봅니다. 이런 사람들은 영적인 이야기나 하나님 나라에 관심이 없을 뿐 아니라 전혀 이해하지도 못합니다. 단지 눈에 보이는 것에만 매달려 있을 뿐입니다. 그들의 눈에는 외형적인 것과 외적인 결과가 중요합니다. 단지 눈에 보이지 않는 것은 어리적은 것에 불과합니다. 그리고 이런 이들은 외적 결과를 보고 평가와 판단하기를 즐겨합니다.

함께 나누기

◆ 당신 자신을 가장 잘 묘사할 수 있는 긍정적인 단어 세 개를 말해 보세요.

◆ 지금 눈을 감고 모든 생각을 내려놓고 내면을 들여다 보세요. 나의 속에는 어떤 무엇이 나를 주도적으로 이끌고 있는가?

◆ 자신에 대해 구체적이고 객관적으로 적어보세요(외모, 직업, 성향, 능력, 대인관계 등)

어느 선교사가 밀림에 들어갔습니다. 부족들에게 복음을 전하기 위해서였습니다. 그러나 그는 그 전에 말라리아에 걸려 죽음을 당하였습니다. 그는 외적인 결과가 이루어지지 않았으므로 그에게 성공과 가치를 말할 권리가 없는 것입니까? 분명 아니라고 말하고 싶습니다. 언젠가 그 열매가 맺어질 수 있을 것입니다. 그는 위대한 전도자임에 틀림없습니다. 왜냐하면 복음과 진리를 전하기 위해 밀림에 들어갔기 때문입니다. 그는 내적인 힘과 능력을 최고의 가치로 이해한 사람입니다.

육으로 난 사람은 육적인 자기 이해를 가지고 있습니다. 세상 기준으로 자신을 정의합니다. 그러나 영으로 난 사람은 영적으로 자기 자신을 이해합니다.

예수께서 가까이 지내던 형제가 있었습니다. 마리아와 마르다입니다. 마리아는 예수님이 오시면 그의 무릎 앞에 앉아 예수님의 말씀에 귀를 기울이고 만사를 제쳐두고 진리를 듣기에 몰두합니다. 그러나 마르다는 음식 장만에 분주합니다. 마르다는 오늘날의 바쁜 현대인을 상징합니다. 그러나 마리아는 영적인 말씀에 관심이 높습니다. 마르다는 마리아의 그런 부분이 불만입니다. 너무나 분주하고 바쁜데 저러고 앉아 있으면 어쩌나 하면서 마리아를 책망합니다. 그러나 마르다의 이야기를 듣던 예수님은 마리아의 편을 들어줍니다. 그때 예수님은 마르다를 향해서 말씀하십니다. "마르다야 한 가지라도 좋다. 마리아는 좋은 편을 선택했다. 그냥 놔둬라" 이 글을 읽는 당신은 누구에게 손을 들어 줄 것입니까?

주께서 대답하여 가라사
대 마르다야 마르다야
네가 많은 일로 염려하
고 근심하나 그러나 몇
가지만 하든지 혹 한가
지만이라도 족하니라 마
리아는 이 좋은 편을 택
하였으니 빼앗기지 아니
하리라(눅 10:41~12)

함께 나누기

◆ 마리아와 마르다의 차이에 대해서 이야기를 해 보십
시오.

◆ 당신에게 '좋은편'이 무엇입니까? 적어보세요.

◆ 당신은 거듭남에 대해서 진지하게 생각해 보신 적이
있습니까? (예? 아니오?) 만일 예라고 대답하셨다면
언제 무슨 계기로 그런 생각을 하게 되었는지 그 상황
을 적어 보시기 바랍니다. 당신에게 새로운 삶은 어떤
삶을 말합니까?

◆ 만일 당신이 거듭났다고 가정해 보시기 바랍니다.
그럴 경우 당신의 내적인 상태와 외적인 상태는 어떻게
될 것 같습니까?

마르다 입니까? 마리아 입니까? 마르다는 현대 과학, 외적인 성공, 외형적인 것인 것의 대표자입니다. 이들은 돈을 벌고 산업과 과학만능을 말하며 성공과 부를 이룹니다. 사업이나 비즈니스에 탁월한 능력을 발휘합니다. 그러나 이들은 내면세계에는 너무나 핍절하고 가난합니다. 반면에 마리아는 진리를 추구하고 내면세계를 위해 투자를 합니다. 그녀는 외적으로는 가난할 수밖에 없습니다. 그러나 예수님은 내적인 일을 추구하는 자의 편입니다. 당신은 누구의 편을 따르겠습니까?

사람이 온 천하를 얻고도 제 목숨을 잃어버리면 무슨 소용이 있겠느냐 무엇을 주고 제 목숨을 바꾸겠느냐(마 16:26)

 거듭남이란 한마디로 하나님을 만남으로 진정한 자신을 발견하여 영혼과 삶이 일치된 인생을 찾고 살아가는 것입니다. 좀 더 자세하게 말한다면 "거듭남은 자기 자신이 현재의 상태를 정확하게 알고 현재의 삶에서 하나님의 나라를 이루어 성장을 이루도록 하는 과정"을 말합니다. 거듭남은 인생에서 성장을 지속하기 위한 위대한 작업입니다.

 예수님께서는 "사람이 온 천하를 얻고도 자기 자신을 잃어버리면 무슨 소용이 있겠느냐?"고 하셨습니다. 과거 왕이나 군주들은 천하를 얻어서 권력과 부를 유지하였습니다. 그러나 천하를 얻었지만 자기 존재 즉 내면에 하나님의 나라가 이루어지지 않았다면 무슨 의미가 있는가 하는 말입니다. 이 말은 외적인 것이 자신을 구원하지 못한다는 것을 의미합니다. 구원은 철저하게 내면에서부터 시작되기 때문입니다. 내면에 하나님 나라를 발견하기 위해서는 내면을 성찰하는 법을 배워야 합니다. 거듭남이란 자기 자신을 찾아 하나님의 나라를 만들어가는 과정을 말합니다. 거듭남의 개념은 인간의 본질을 찾아가는 것을 말하는 것입니다. 결국 자기 자신을 찾는다는 것은 결

국 그 뿌리 근원 하나님을 만나는 것을 의미하기도 합니다. 그러므로 거듭남은 외적인 상태 즉 도덕적, 윤리적인 완성을 뜻하는 것이 아니고 진정한 자신과 하나님과의 깊은 만남을 뜻한다고 말할 수 있습니다.

그러므로 외적인 것에서 만족을 추구하거나 성공을 제일의 목표로 사는 사람들은 참된 본질에서 멀어져 있다고 말할 수밖에 없습니다. 그들은 단지 숨쉬고 살아가고 있을 뿐입니다. 그들의 삶은 목적과 방향감각을 잃고 외적인 환경에 좌우되어 살아가고 있을 뿐입니다. 단지 살기 위해 생존하는 것과 같다. 이들은 마치 방향을 잃어버린 배과 같습니다. 배가 바다 한가운데 떠 있지만 배의 키가 없어서 어디로 가야할 곳을 찾지 못하고 있습니다. 이들은 내면에 하나님 나라가 없고 모든 것을 외부에서 이루려 합니다. 사랑과 행복도 외부에서 찾아 헤맵니다. 심지어는 자신에 대한 느낌도 외부에 의존하는 것입니다.

점검하기

함께 나누기

◆ 만일 당신의 마음 속에 다음의 것들이 있다면 당신은 영혼과 불일치된 삶을 살아가고 있다는 증거입니다. 자신에게 적용해 보세요.

만약 5가지 이상 발견된다면 자신을 되돌아 보아야만 합니다.

1. 나는 완벽주의가 있다.

2. 나는 비밀이 많다.

3. 나는 홧병과 같은 질환이 있다.

4. 나는 내면에 만족이 없고 모든 것을 외부에서 보상을 받고 싶어한다.

5. 나는 쉽게 불안정해진다.

6. 나는 순간의 만족에 모든 것을 투자한다.

7. 남들이 나를 높여줄 때만 타인에게 관심을 갖는다.

8. 나는 언제나 초긴장상태이다.

9. 나는 쉽게 화가 난다.

10. 나는 남의 비위를 맞추려고 언제나 노력한다.

◆ 고통을 감수하더라도 살아야할 삶의 이유나 목적을 갖고 있습니까? 있다면 적어보세요.

◆ 최근 가장 힘들었던 사건을 생각해 보시기 바랍니다. 그리고 그 사건을 통해서 나타나는 자신의 내면의 생각, 욕구, 감정을 들여다보시고 당신이 고통을 느낄 때 당신의 아픔을 말해 보세요.

☞피아 멜로디(Pia Mellody)는 자신 안에서의 느낌과 참 자신에 대한 자각이 전혀 없이 모든 것을 외부에서 구하려는 시도는 자신과의 소외된 고통을 더 강화시켜주고 인간관계 가운데 문제를 일으킨다고 했습니다. 자기 자신을 발견하지 못하는 사람들은 자신의 생각을 행동으로써 보상하려고 듭니다. 그들은 '행위 지향적인 인간'을 동경합니다. 그런 사람들은 자신의 가치는 외부에 이루어 놓은 성취가 중요하기 때문에 내면에 무슨 일이 벌어지는지는 상관하지 않습니다. 좀 더 정확하게 말하면 밖의 일에 열중하느라 안을 들여다 볼 시간이 없다는 게 맞는 말입니다. 일단 어떤 행위로 일시적인 위안을 얻게 되면 중독이 될 가능성이 높아지는 것입니다.

제2과

다시 태어남

거듭남이란 새로운 탄생을 말합니다. 이 말은 과거에 가졌던 허탄한 신화와 분리를 말하는 것입니다. 분리는 우리를 독특한 개성적 인간이 되게 하고 독립적으로 성장하게 합니다. 그러나 만약 명령되고 허탄한 신화와 분리되지 않으면 제2의 탄생을 경험할 길이 없습니다. 분리의 실패는 영적인 죽음을 의미합니다. 오늘날 영적인 죽음은 너무나 흔한 일입니다.

어느 자매는 예민한 어머니와 밀착되어 있었습니다. 그녀는 과거 어머니의 말을 사실 그대로 받아들였습니다. 어머니는 대단히 예민했으며 사회에 대해 비판의식을 갖고 있었고 피해의식이 많았고 불안감이 컸습니다. 그녀는 성장할수록 어머니의 비판의 말이 마음 속에 내면화되어 버렸고 세상에 대한 비판사고를 익숙하게 몸에 담고 살게 되었으며 그것은 그녀가 어려서부터 익숙하게 굳어진 신화입니다. 그리고 그녀는 분노와 피해의식에 타인을 비판하기에 급급하였으며 고통스런 나날을 보내야만 했습니다. 그녀는 더 이상 살아갈 힘을 얻지 못하게 되었습니다. 그녀는 비판적인 신화로부터 분리가 시급하였습니다. 그녀에게는 하나님이 자신에게 주신 은혜대로 살아가야 하는 숙제를 갖게 되었습니다. 그녀에게는 허탄한 신화로부터 분리 즉 거듭남이 필요했던 것입니다.

실존주의 정신 병리학자인 데이빗 쿠퍼는 다음과 같이 말했습니다.
"매우 많은 사람들이 탄생의 경험을 해보지 못했습니다. 그들의 탄생은 오직 그림자 같은 사건에 불과했으며 그들의 삶은 단지 주변적 존재로서 삶을 대변할 뿐이다."

거듭남을 경험해보지 못한 사람들은 절대적이고 확고한 신념 즉 신화에 머물러 있게 됩니다. 신화란 "어린시절 아이가 생존하기 위해 스스로 만들어낸 변질된 신념"을 말합니다. 인간은 극도의 고통과 아픔을 경험하면 고통으로부터 살아남기 위해 나름대로 신념을 갖게 됩니다. 특히 어려서 심하게 폭력을 당했거나 신체적, 성적, 정서적으로 학대를 당했던 사람들은 더욱 그렇습니다.

어느 여성은 옷을 단정하게 입어야 한다는 소리를 들으면서 자랐습니다. 부모로부터 '옷이 날개'라는 소리를 자주 들으면서 자랐던 것입니다. 그녀는 청바지를 입어보지 못했고 부모로부터 늘 옷 좀 제대로 입으라고 하는 꾸중을 들으면서 자랐습니다. 그녀는 어릴 때 들었던 생각대로 단정하고 예의를 지켜야지 훌륭한 사람이라는 신념이 생겼습니다. 이런 신념은 그녀 깊이 새겨진 하나의 신화입니다. 결국 그녀가 결혼한 후 그녀는 자녀들에게 단정한 옷차림과 예의 바른 행동을 강력하게 요구하고 있는 자신을 발견하게 되었습니다. 그녀는 신화에 의한 삶의 방식을 가지고 살아가고 있던 것입니다.

연못가에서 만난 사람

예수님께서 한 연못을 찾아가 보았습니다. 이곳은 심신이 지친 환자들이 자주 찾는 곳입니다. 너나 할 것 없이 아픈 사람들이 이런저런 이유로 모여 들었습니다. 모두 가난하고 어려운 사람들입니다. 사업이 망한 사람, 가정이 깨져서 갈 곳이 없어서 온 사람, 몸이 병들어 간신히 찾아서 온 사람, 어려서부터 일찍 삶에 찌들린 사람, 경

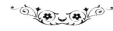

제적으로 쫓겨서 이곳까지 온 사람 등 갖가지의 사연을 안고 다양한 종류의 사람들이 모여들었습니다.

모두 불쌍하고 처량한 사람들입니다. 이들은 너무도 배고픈 사람들입니다. 그리고 이들은 먹을 것이 있다는 이야기를 들으면 이곳저곳을 흩어져 다닙니다. 간혹 누군가 구제한다고 찾아오면 아예 그 사람은 보이지 않고 무엇을 나눠주는 가에 관심이 있습니다.

이들의 눈에는 오로지 먹을 것에만 관심이 있습니다. 오늘 아침에는 누군가 빵을 나눠준다는 소문이 들렸습니다. 사람들이 먼지를 날리면서 달려가는 모습도 보입니다. 이곳에는 눈먼 자, 마비된 자 들이 모여 있었습니다. 눈 먼 자는 눈이 어두운 사람들입니다. 눈이란 세상을 보는 창문입니다. 창문이 어두운 상태이고 아무 것도 보이지

않는 상태를 의미합니다. 세상을 보는 시각은 신념을 말하는 것입니다. 즉 살아가면서 변질된 신념을 소유했습니다. 자극과 반응에 따라 움직이는 신념입니다. 창의적이며 새로운 삶의 변화를 가져오는 신념이 아닙니다. 이런 사람은 본질적 실재, 참된 진리를 모르는 사람들을 말합니다. 마비된 자는 무감각의 질병으로 시달리는 사람들입니다.

그곳에 38년 된 병자가 있었습니다. 이 사람은 자신의 몸이 낫기를 오랫동안 기다려 온 사람입니다. 이 사람은 연못에 들어가면 낫는다는 신념을 가지고 있었습니다. 다른 것은 생각해 본 일이 없습니다. 오로지 수십 년동안 이 연못만을 바라보고 있었습니다. "나는 오늘도 저 곳이 물이 동하기를 기다릴거야! 다른 곳을 쳐다보면 안돼! 다른 것을 쳐다볼 여유도 없어!" 예수님은 이런 그를 이해하고 계십니다. 그의 모습은 바짝 마른 몰골을 하고 있었습니다. 예수님은 그를 만나고 있었습니다. 한 참을 쳐다보던 예수님은 그의 옹골진 모습과 단순한 삶을 보면서 무척이나 답답함을 느끼고 있었습니다. 물끄러미 바라보는 예수님의 얼굴에 순간의 감정을 볼 수 있었습니다. 예수님의 얼굴에는 다양함을 누리지 못하고 수십년을 연못에 있으면서 남의 손을 기다리고 있는 이분의 경직된 신념에 대한 안타까움이 서려 있었습니다.

사람들은 예수님의 얼굴을 번갈아 보면서 무슨 말이든 기다리고 있었습니다. 드디어 예수님은 입을 열었습니다. "낫고 싶은가?" 예수님은 이분의 원하는 바를 알고 싶었습니다. 무엇을 원하는가? 진정 바라는 바가 무엇인가? 내면의 고백을 듣고 싶어 합니다. 그분은 심리적으로 분명한 의지를 요구하고 있습니다. 사람들은 진정 자신들이 원하는 바를 모르는 경우가 허다합니다.

예수님은 삼십팔년된 병자에게 무엇을 원하느냐?고 묻지 않으셨습니다. "네가 낫고자 하느냐?"라고 물으셨습니다. 예수님은 이 분의 수준을 짐작하고 있었던 것입니다. 이 분은 자기가 원하는 것을 스스로 알아내기가 어려운 분이었습니다. 그래서 예수는 이 분에게 무엇을 원하느냐고 묻기 어려웠던 것입니다. 차라리 예수님은 "낫고자 하느냐?"라고 물어서 "예, 아니오"로 간단한 대답이 나오기를 기대하신 것입니다. 이처럼 예수님은 자상하신 분이셨습니다.

예수님의 말이 떨어지기 무섭게 이 분이 대답했습니다. "나으리! 물이 출렁일 때 연못으로 나를 데려갈 사람이 없습니다. 넣어줄 사람이 없습니다. 내가 가는 동안 다른 사람이 먼저 갑니다." 이 병자의 대답은 의외였습니다. 낫기를 원한다는 "예스" 조차도 못하고 있었습니다. 그저 사치스런 변명과 남의 탓으로 돌리고 있었습니다. 이 분은 자신이 무엇을 원하는지 조차도 금방 알아차리지 못하고 있었던 것입니다. 38년동안 자기 고집과 왜곡된 생각과 신념으로 줄기차게 살아온 것입니다. 이 분은 자기 고집으로 일관되어 있었으며 변명과 핑계로 물들어 버린 인생을 살고 있었던 것입니다.

그저 낫기를 원한다는 말조차도 하기 어려운 삶을 살아가고 있는 불쌍한 영혼입니다. 이 사람은 자기 문제를 남의 탓으로 돌리는 자기

방어적 삶의 패턴을 가지고 있었습니다. 방어적인 삶을 사느라 옹졸한 변명만을 하고 있는 사람입니다. 고통을 만났을 때 보상 혹은 행동에 대해 정당성을 부여하기 위해 변명거리를 만들어내는 존재입니다. 이 분은 그저 자신을 연못에 넣어줄 사람이 없다는 것이 그가 오랫동안 앓아온 이유였습니다. 이런 분에게 예수님은 간단한 대답을 하십니다. "네 침상을 들고 걸어가라." 다른 형용사나 덧붙이는 말이 없습니다. 이 말은 질병의 책임이 다른 사람 때문이라는 환자의 신화와 착각을 깨뜨립니다. 한마디로 용기를 북돋아 주시는 예수님의 현존입니다. 스스로 일어나야 합니다. "돗자리를 들고 걸어가라." 단순하면서도 명료합니다.

그제서야 환자는 침상을 들고 걸어갑니다. 침상은 병을 상징합니다. 사람들은 안전함을 얻으면 일어납니다. 그러나 자신의 나약함을 딛고서 불안, 불확실성, 주저함이 있지만 일어나야 한다. 주저하는 마음이 더 이상 마비시키지 못합니다.

함께 나누기

다음의 위인들에 대해 성경을 읽어보고 이들은 어떤 신념을 깨뜨리게 되었는지 찾아보세요.

◆ 사도 바울 / 행9:1-22

- 베드로 / 마4:18-20

- 예수의 어머니 마리아 / 마1:27-2:5

- 아볼로/ 행18:24-19:7

하나님 나라는 너희 안에

니고데모와 예수님의 만남에서 특이한 점은 이들은 부나 물질과 같은 외적인 부분을 말하고 있는 것이 아니라는 점입니다. 예수님은 마음에 하나님 나라가 임하는 것과 위로부터 주어지는 거듭남에 대해서 말씀하고 계십니다.

예수님의 온통 관심사는 마음에 하나님 나라가 세워지는 것입니다. 마음에 하나님 나라를 만들기 위해서는 거듭남이 필요하다는 것을 말씀하고 계신 것입니다.

니고데모는 율법적인 규칙에 얽매어 신화를 갖고 있으면서 자기 영혼에는 무지한 자가 되었습니다. 그의 삶이 깨끗하고 훌륭했을지는 모르나 율법은 단지 죄를 알게 해주는 역할만 했을 뿐입니다. 니고데모는 자신의 영혼에 대해서는 문외한이었던 것입니다. 예수님은 이를 말씀하고 있는 것입니다.

◈ 예수님이 당신에게 찾아오셨다면 무엇을 말씀하셨을까요?

☞ 예수님은 하나님 나라는 마음에 있다는 것을 강조하십니다. "하나님 나라는 너희 안에 있느니라(눅17:21)"고 하셨습니다. 이 말은 내면에 평화와 사랑이 이루어지는 것을 목표로 말씀하시는 것입니다. 이는 예수의 주된 설교의 주제이기도 합니다. 예수님은 이렇게 말씀하십니다. "하나님은 각 개인 개인을 위해 천국을 준비하셨는데 그것은 마음에서 천국을 발견할 수 있다."

개인적인 차원

천국은 지극히 개인적인 것입니다. 예수님과 니고데모의 대화를 자세히 보세요. 너무나 개인적인 이야기이지 않습니까? 두 분은 개인적인 만남을 통해 하나님 나라에 대한 이야기를 진행하고 있습니다.

사람들은 숫자계산에 치중함으로써 개인 개인의 소중함을 잊어버리고 있습니다. 개인마다 독특한 아름다움이 있고 정신세계가 있으며 소중함이 있는 것입니다. 개인 속에는 천하보다 귀한 가치가 있습니다. 개인이 구원의 대상이고 하나님 나라에 들어가게 되는 것도 개인인 것입니다.

"네가 거듭나지 아니하면 하나님 나라를 볼 수 없습니다"고 하신 예수님의 말씀은 개인이 가져야 하는 내면의 회복입니다. 내면에 하나님 나라가 건설되면 그 바탕위에서 건강한 삶을 살아가게 되는 것입니다. 바탕이 천국이므로 모든 가능성과 은혜와 평화가 열려 있습니다.

그는 세상이 아무리 험하고 고통스러워도 평화의 기분과 은혜로운 마음으로 삶을 볼 것이고 살게 될 것입니다.

예수님은 니고데모에게 하나님 나라를 직면하기를 원하십니다. 예수님께서 니고데모에게 "네가 거듭나지 아니하면 하나님 나라를 볼 수 없느니라"고 하셨습니다. 본다는 의미는 직면한다는 의미를 포함합니다. 즉 본다는 것은 내면에 건설되는 하나님 나라를 직면한다는 것입니다. 마음 속 깊이 들여다본다는 것을 의미하는 것입니다. 서기관과 바리새인 그룹은 자기들의 교리와 규례로 지키는데 몰두하였습니다. 그리고 자신들은 의를 이루었다고 스스로 만족하였습니다. 이들은 규례와 법규, 율법을 문자적으로만 해석하였으며 자신을 보는 데는 소홀하였던 것입니다. 그들은 자신을 보는 데는 실패하였습니다. 자신이 어떻게 이렇게 살게 되었으며 어떤 상태인지를 정확하게 분석하고 살피려는 데는 관심이 없었던 것입니다. 그러나 진정으로 인간의 변화는 자기 자신을 살펴보는 데서부터 시작되는 것입니다. 우리는 예수님의 다음의 말씀을 기억해야 할 것입니다.

"회개하라 천국이 가까웠느니라."(마3:2), "세리와 창기들이 너희보다 먼저 하나님의 나라에 들어가리라."(마21:31)

이런 말씀의 의미는 세리와 창기들은 어차피 행위로는 내세울 것이 없으므로 수치심과 죄책감, 열등감 등의 문제에 시달려야만 했던 사람들입니다. 이들은 얼굴을 들 수가 없었습니다. 세리와 창기는 자기직면과 죄의식을 갖게 되었습니다. 고개를 숙이고 자기 속을 들여다보는 것이 이들의 습관이었습니다. 하나님 나라에 필요한 것은 내면에 것을 살피는 데서부터 라는 것을 알아야 합니다.

그러나 바리새인은 율법을 준수하는 데는 잘했으나 자기 의를 확신함으로 내면의 죄와 허물을 보는 데 실패하였던 것입니다.

☞ 가을에 어떤 사람이 과수원을 걷고 있었습니다. 땅은 서리가 내려 얼어서 단단해졌습니다. 사과를 따는 사람은 나무에서 수확을 했습니다. 사과는 궤짝에 담겨져서 고객들에게 보내졌습니다. 고객들은 탐스럽고 아름다운 사과를 먹을 것입니다. 지금은 나무에 몇 개의 모양없고 울퉁불퉁한 사과뿐입니

다. 주인은 압니다. 그 사과가 매우 맛이 좋다는 것을 말입니다. 그는 서리 덮인 땅을 뛰어다니면서 울퉁울퉁하고 비뚤어진 사과를 주워 자기 주머니에 채워 넣습니다. 그 사과의 단맛을 아는 사람은 별로 없습니다.

◆ 고개를 숙이고 당신의 마음에 무엇이 있는지 살펴보세요. 당신을 주도적으로 이끌고 있는 핵심 세계는 무엇입니까?

◆ 당신 안에 당신만이 가지고 있는 독특한 잠재력이 있습니까? 그것은 무엇입니까?

◆ 독특한 잠재력이 있음을 깨닫고 그것을 발전시키기 위해 의식적으로 노력하고자 하십니까?

◆ 니고데모는 열심 있는 유대인입니다. 그는 예수님을 만나기 위해 어두운 밤에 찾아왔습니다. 어두운 밤은 깊은 의미가 있습니다. 밤은 내적 어둠과 암흑, 감각이 무디워진 상태, 삶의 무의미를 상징합니다. 그는 밤에 예수님을 찾아와서 자신의 실존적 물음에 대한 해답을 구합니다. 니고데모가 물음을 꺼내기 전에 예수께서 니고데모의 마음을 간파하십니다. 당신이 이제까지 살아오면서 어두운 밤이 있었습니까? 그때 무슨 일이 있었는지 말해 보시기 바랍니다. 그때 당신은 누구를 찾아가셨습니까? 그리고 무슨 대답을 얻으셨나요?

예수님은 말구유에서 태어나셨습니다. 그리스도가 동물의 구유에서 태어났다는 것은 무엇을 의미합니까? "마리아가 첫아들을 낳아 포대기에 싸서 구유에 눕혀 두었다. 여관에는 그들이 들어갈 방이 없었기 때문이다."(눅2:7) 여관에 들어갈 방이 없었다는 것은 안락한 집과 방에는 못들어갔다는 것을 말합니다. 겉으로 아름답게 보이거나 꾸며진 장소와 문명화된 장소에는 예수님께서 태어날 수 없는 곳입니다. 더럽고 누추하고 더러운 마굿간에서 구세주가 태어난다는 의미입니다. 바울은 이렇게 말합니다. "죄가 더한 곳에 은혜가 넘쳤나니"(롬5:20) 죄가 많은 곳에 은혜가 넘친다는 성경의 말씀과 일치합니다.

당시의 왕 헤롯은 예수 탄생을 거부했습니다. 왕이 오는 것을 거절할 뿐만 아니라 박해하기 시작했습니다. 그리고 결국 그는 무시무시한 유아학살을 감행하기에 이릅니다. 예수님의 탄생은 환영받지 못했습니다. 예수님께서는 헤롯을 피해 애굽으로 피신하기에 이릅니다.

우리가 더럽고 냄새나고 추한 곳 마굿간에서 예수님 탄생이 이뤄졌듯이 우리의 허물과 죄, 연약함 속에서 변화와 거듭남이 주어질 수 있는 것입니다.

◆ 당신이 말구유처럼 본능적이고 죄 가운데서 있다고 느낄 때가 있었습니까? 그때 진정한 거듭남이 필요하다고 느끼지 않으셨나요? 그 때의 상황을 변명하지 말고 있는 그대로 솔직하게 말할 수 있습니까?

◆ 헤롯이 예수님을 거부했듯이 아무도 당신을 환영하지 않고 받아들이지 않았다고 섭섭하게 여기거나 화를 내지 않으셨습니까? 그때가 언제인가요? 바로 그때 당신이 진정으로 거듭나야할 때라고 여기지 않으십니까?

◆ 크리스마스는 세밑 중 가장 추운 날입니다. 그때 아기 예수님께서 태어나셨습니다. 가장 춥고 어려울 때 거듭나야 함을 말해주는 것입니다. 당신에게 인생의 겨울은 언제입니까? 그때 진정한 크리스마스를 맞이한 경험이 있었습니까?

제3과

거듭남을 체험한 사람들

야곱의 거듭남

  야곱은 고향을 떠난 지 20년 후에 고향을 돌아오게 되었습니다. 그러나 고향에는 그의 형 에서가 기다리고 있었습니다. 그는 20년전 아버지로부터 장자의 복을 가로챈 야곱에 대해 깊은 원한을 갖고 있었습니다. 이 사실을 알고 있는 야곱은 형을 두려워하고 무서워했습니다. 그래서 야곱은 먼저 정탐꾼을 보냈습니다. 그들이 돌아와서 야곱에게 고하기를 "형 에서가 사백인을 거느리고 주인을 만나려고 옵니다"고 했습니다. 이 소식을 듣고 야곱은 심히 두렵고 답답하였습니다.

  야곱은 하나님께 기도를 했습니다. "나의 조부 아브라함의 하나님, 나의 아버지 이삭의 하나님 여호와여 주께서 전에 내게 명하시기를 네 고향, 네 족속에게로 돌아가라 내가 네게 은혜를 베풀리라 하셨나이다. 나는 주께서 주의 종에게 베푸

신 모든 은총과 모든 진리를 조금이라도 감당할 수 없사오나 내가 내 지팡이만 가지고 이 요단을 건넜더니 지금은 두 떼나 이루었나입니다. 내가 주께 간구하오니 내 형의 손에서 에서의 손에서 나를 건져 내시옵소서. 내가 그를 두려워 하옴은 그가 와서 나와 내 처자들을 칠까 겁냄이니입니다. 주께서 말씀하시기를 내가 정녕 네게 은혜를 베풀어 네 씨로 바다의 셀 수 없는 모래와 같이 많게 하리라 하셨나이다"라고 기도했습니다.

야곱은 절박한 심정이 되었습니다. 이제 막다른 골목에 온 것입니다. 더 이상 피할 곳이 없었습니다. 먼저 야곱은 에서를 위해 선물을 준비하였습니다. 암염소 200마리와 수염소 20마리, 암양 200마리와 수양 20마리, 젖 나는 약대 30마리와 그 새끼, 암소가 40마리와 황소가 10마리, 암나귀 20마리와 그 새끼나귀가 열입니다. 총 짐승의 수가 무려 580마리나 됩니다. 또한 야곱은 예물을 앞세우고 밤에 두 아내와 두 여종과 열한 아들을 인도하여 얍복강을 건너게 하였습니다. 그리고 가솔들과 모든 짐승도 얍복강을 건너게 하였습니다. 야곱은 모든 가솔과 짐승들을 보낸 후 홀로 얍복강 나루에 남아 있었습니다. 그런데 그 날 밤, 홀로 남아 있던 야곱에게 어떤 사람이 날이 새도록 야곱과 씨름을 하였습니다. 그 사람이 자기가 야곱을 이기지 못함을 보고 야곱의 환도뼈를 치게 되었는데 야곱의 환도뼈가 그 사람과 씨름할 때에 부러졌습니다.

"그 사람이 가로되 날이 새려니와 나로 가게 하라. 야곱이 가로되 당신이 내게 축복하지 아니하면 가게하지 아니하겠나이다"라고 했습니다. 야곱에게 그 사람은 "네 이름이 무엇이냐?"고 물었습니다. 이때 야곱은 '내 이름은 야곱입니다' 하고 대답했습니다. 그러자 "그 사람이 가로되 네 이름을 다시는 야곱이라 부를 것이 아니요, 이스라엘이라 부를 것이니 이는 네가 하나님과 사람으로 더불어 겨루어 이기었음이니라"고 했습니다. 그는 야곱의 이름을 이스라엘로 바꾸어 주셨습니다. 야곱에게 새로운 이름이 주어졌습니다. 진정한 자신을 되찾은 순간입니다. 그는 본래 이스라엘로 살아야 할 사람이었습니다. 그동안 야곱으로 살았던 것은 생존을 위한 몸부림으로 살아온 신화에 의한 인생이었던 것입니다. 이스라엘은 하나님이 선택한 최초의 모습이고 그의 상태였던 것입니다. 이스라엘은 진정한 자신을 찾게 되었으며 영성을 회복하게 되었습니다.

야곱이 밤중에 기도하고 어느 사람과 만남을 갖게 되었고 그와 씨름을 한 것은 그동안 살아남기 위해 만들어졌던 망령되고 허탄한 신화가 깨지는 고통의 몸부림이었다고 생각되어집니다. 그의 진정한 영혼이 드러나는 순간이었다고 보여집니다. 야곱이 그동안 가졌던 핵심신념이란 "나는 뭐든지 이겨야만 한다." 이런 신념으로 인해 야곱은 삶의 방향이 결정되었습니다. 그는 이기기 위해

서 어려서는 에서를 속였으며 아버지를 속였습니다. 그리고 라반과 경쟁하여 결국 많은 재산을 얻었습니다. 그러나 그 이면에는 어두운 그림자도 있었습니다. 그는 라반에게 열 번도 넘게 속았던 것입니다. 그리고 도망치듯이 고향으로 돌아올 수밖에 없었습니다.

그를 환영해 주는 사람은 없었습니다. 경쟁하며 살아가는 사람을 반겨줄 사람은 그 어디에도 없었던 것입니다. 야곱의 이런 신화는 그에게 경쟁과 충돌, 속고 속이는 관계 패턴을 만들어 주었습니다. 그러나 이제 그것조차 쓸모없는 지경에 와있게 되었던 것입니다. 야곱의 그런 모습을 너무나 잘 아는 그의 형이 그를 대적하기 위해 기다리고 있었던 것입니다.

그런 와중에 밤중에 어느 사람을 만나게 되었으며 인생의 거듭남의 기회가 오게 되었던 것입니다. 그 사건은 야곱에게 새로운 변화를 갖게 만들어 주었으며 새로운 삶의 방식이 주어지도록 만들었습니다. 새 이름을 부여 받는 일은 거듭나는 것이며 새로운 정체성을 부여받는 것과 같습니다. 이것은 거듭난 자로써 삶의 패턴이 변화된 모습을 말하는 것입니다.

함께 나누기

◆ 야곱의 가졌던 내면의 경쟁구도가 야곱으로 하여금 형과 원수되게 하고 라반과 불화하게 되었다면 당신의 경우 어떤 신념이 당신을 오늘 현재 여기까지 이끌었습니까?

◆ 야곱에게는 얍복강 사건이 거듭나게 되는 기회가 되었습니다. 당신에게는 어느 사건이 당신으로 하여금 신화가 깨지고 거듭나도록 합니까?

◆ 당신에게 부여된 새로운 호칭을 써보세요. 만약 당신이 새로운 이름을 지은다면 무엇이라고 지을 것인가요? 그 의미는 무엇입니까?

◆ 이제까지 살아오면서 긍정적이든 부정적이든 당신에게 영향을 미쳤던 사람이 있다면 누구인가요? 세 사람을 말씀해 보십시오. 그분에 대해서 말하시고 자신이 받은 영향을 말해보세요.

바울의 거듭남

바울은 길리기아 다소에서 태어났습니다. 그는 어려서부터 학문에 뜻을 두고 있었으며 매우 종교적인 사람이었습니다. 그는 유대교에 열심을 품고 있었습니다. 그는 율법에 심취하고 있었습니다. 그는 예수님을 전도하는 이들의 이야기를 접해 들었으며 그는 그 이야기를 허무맹랑한 이야기로 여겼습니다. 결국 그는 공문을 받아서 예수님을 전도하는 이들을 핍박하기에 이르렀습니다. 어느 날 다메섹으로 가는 길이었습니다. 길을 가는 도중에 갑자기 빛이 보이더니 눈앞이 캄캄해졌습니다. 그리고 앞이 보이지 않게 되었고 말에서 떨어지게 되었습니다. 그리고 소리가 들리기 시작했습니다. "사울아 사울아 어찌하여 네가 나는 핍박하느냐? 마치 가시채를 발로 차는 것과 같다" 이후 바울은 눈이 보이지 않게 되었습니다. 그는 주위사람들로부터 부축을 받고 성내로 들어가야만 했습니다. 바울은 주위 사람의 손에 끌려 다메섹에 들어가게 되었고 그곳에서 아나니아라는 사람에게 기도를 받으면서 눈이 보이기 시작했던 것입니다. 이 사건이 바울에게는 너무나 큰 충격이었습니다. 그리고 그의 인생이 획기적으로 변하게 되었습니다. 그는 숨쉴 틈도 없이 갑작스러운 순간에 충격적인 경험을 하게 되었습니다. 이때부터 거듭남의 기회가 주어지게 되었던 것입니다. 그 후 바울은 기독교에 대한 새로운 지식을 갖게 되었고 하나님의 새로운 직분을 받아서 복음을 전파하는 자가 되었습니다. 바울에게 갑작스런 예수님과 만남은 인생의 전환점을 맞이하는 순간이 되었습니다. 그에게는 180도 극단적인 전환이 된 것입니다. 그는 핍박하던 사람들을 그리스도 안의 형제라고 여기고 사랑하게 되었으며 전에는 그가 어리석게 여기던 이야기를 이제는 복음으로 믿고 전파하기 위한 사도로 변신을 하게 되었던 것입니다.

  바울의 거듭남은 대단히 역동적이고 극적입니다. 예수님과 만남을 통한 깨달음이 그를 새로운 삶으로 인도하게 된 것입니다.

◈ 바울이 예수님과 극적인 만남이 그의 일생을 바꾸는 계기가 되었습니다. 이런 기회가 있었습니까? 그렇다면 누구와 만남을 통해서 그런 경험을 하게 되었습니까?

◈ 예수님을 만나기 위한 시도를 한 적이 있었습니까? 예를 들어 산 속에서 홀로 기도를 한다든지 기도실에 들어가 주님과 만남을 요청한 적이 있었습니까?

◈ 만일 당신이 예수님을 만났다면 어떤 징조와 변화가 있었습니까?

제4과

거듭남, 신화에서 벗어나기

신화는 "생존하기 위해 어린 시절부터 형성된 신념'을 말합니다. 신화는 진리처럼 보이지만 진리와는 거리가 멉니다. 인간이 신화를 갖게 되면 절대적 규칙에 사로잡히게 되고 극단적인 생각이나 행동을 하게 됩니다. 또한 우리가 신화를 갖게 되면 우리의 영혼은 과거의 시간에 묶이게 됩니다. 왜냐하면 신화는 상처나 고통을 통해서 만들어진 경우가 많기 때문입니다. 바리새인이나 서기관 들은 이런 신화에 의해 민중들에게 억압하고 강요하면서 무거운 짐을 지게 만들었던 것입니다. 예수님은 이런 신화에 빠진 이들에게 사랑과 긍휼을 통해서 영혼을 구원하려 하셨던 것입니다. 신화가 이끄는 대로 살면 같은 실수를 반복하거나 하나님의 뜻을 거스리게 되는 경우가 많습니다. 그러므로 하나님의 뜻에 합당하지 않는 신화는 '죄와 사망의 법'이라고 할 수 있습니다. 성경에는 "망령되고 허탄한 신화를 버리고 오직 경건에 이르기를 연습하라."(딤전4:7)고 했습니다.

롯

롯의 경우, 그는 어린 시절에 부모를 일찍 여의었습니다. 그는 아브라함과 헤어질 때 눈에 풍요로워 보이는 소돔 땅을 선택했습니다. 당장 보기에 좋은 대로 선택한 것입니다. 또한 소돔 성에 기거하는 불량배들이 롯의 집에 있는 나그네를 내놓으라고 하였을 때 롯은 나그네 대신에 자신의 딸을 내놓겠다고 말했습니다. 이는 어려운 환경이나 어려운 사건을 만나면 "우선 가장 쉬운 길을 선택하자!"는 롯의 신화를 극단적으로 말해준 것입니다. 그는 위기의 순간에 단기적인 만족을 찾았습니다.

모세

모세는 공주의 아들로 살았지만 젊어서 그만 분노하여 애굽 사람을 죽였습니다. 그리고는 도망하여 미디안 광야에서 머물렀습니다. 미디안 제사장의 일곱 딸들이 양무리를 칠 때 다른 목자들이 차지하는 것을 보고 분노하여 연약한 여성을 도와주고 물을 길어주면서 양들에게 물을 마시게 합니다. 이는 모세가 가지고 있는 정의감이며 분노이기도 합니다. 모세는 정의감과 분노를 반복합니다.

모세는 이스라엘 백성이 금송아지 만들고 우상숭배하는 모습을 보고는 분노하였습니다. 모세는 언약의 돌비를 깨뜨리고 금송아지를 불살라 부수고 가루로 만들어 물에 뿌려 마시도록 하였습니다.

모세는 잘못된 일을 보면 분노하고 약한 이들을 보면 도와주고 싶어하는 사람입니다. 모세에게 있는 신화는 "잘못된 것은 바로잡아야 한다"는 신화가 견고하게 있었던 것입니다.

요나

요나는 하나님의 음성을 듣고 성읍 니느웨로 가서 사십일이 지나면 이 성읍이 무너진다고 외쳤습니다. 그러자 왕으로부터 온 백성이 금식하고 회개를 하였습니다. 그러자 하나님은 뜻을 돌이키시고 재앙을 내리지 않았습니다.

그러자 요나는 불평을 털어 놓았습니다. 요나에게는 "이방인이나 불의한 자들은 심판을 반드시 받아야만 한다"는 신화를 갖고 있었던 것입니다.

가끔 우리는 어떤 말을 하거나 행동을 하는 사람을 향해 과잉반응하게 되는 경우가 있습니다. 과잉반응이란 신화가 작동하고 있는 좋은 예입니다. 그것은 과거의 어떤 사건을 떠오르게 하는 누군가의 목소리이거나 표정일 수 있습니다.

우리는 그 때 그 때 일어나는 일을 향해 적절하게 반응하기 보다는 과거에 하던 방식대로 반응하게 되는 것이다. 이것이 나의 신화입니다.

◇ 관계를 맺는 상대에 대해 이상화 , 평가 절하 이미지를 갖게 될 것이다.
◇ 이세상의 문화에 젖어있는 대로 행동할 것이다.
◇ 부모가 갖고 있는 사랑, 관계에 대한 신념을 모방한다.
◇ 어린시절 생존하기 위해 사용했던 방어 전략을 사용하게 될 것이다.
◇ 가족에서 맡았던 역할을 재연할 것이다.
◇ 배우자를 찾을 때 부모와 정반대의 사람이나 부모와 같은 사람을 찾으려 할 것이다.

신화가 형성되는 원인

　신화가 형성되는 것은 어려서부터입니다. 어려서 아이가 가족의 균형을 유지하기 위해서 기쁨조, 말없는 아이, 영웅, 문제아 등의 역할을 맡게 되는 경우가 있습니다. 아이는 머릿속으로 나름대로 신념을 갖게 됩니다. 예를 들어 '나는 부모를 기쁘게 해드려야만 해' 같은 신화를 갖게 됩니다. 아이가 절대적인 복종을 강요당할 경우에도 신화를 갖는데 자신의 의지를 포기하게 되거나 아니면 규칙에 도전하는 반항자가 됩니다. 어린 시절 아이는 감정, 생각이 수치심을 느끼게 되면서 심리적 혼돈을 경험하면서 신화를 갖게 되는 것입니다. 또한 아이가 학대를 받게 되는 경우에 극심한 고통으로 인해 감정이 마비되게 될 뿐만 아니라 자신 스스로를 믿지 못하기 때문에 신화를 갖게 됩니다

어려서부터 고립에서 벗어나 버지니아 사티어는 다섯 가지 자유가 있어야 한다고 말합니다. "강요당하지 않고 있는 그대로 보고 들을 수 있는 자유, 강요당하지 않고 그대로 생각할 수 있는 자유, 강요당하지 않고 그대로 느낄 수 있는 자유, 강요당하지 않고 그대로 원할 수 있는 자유, 강요당하지 않고 그대로 상상할 수 있는 자유"입니다.

이런 다섯 가지 자유는 자신과 연결감을 형성합니다. 이런 자유를 갖게 될 때 더 이상 무의식적 방어를 할 필요가 없어지며 신화에서도 벗어납니다. 즉 있는 그대로의 세상을 경험하며 살게 되는 것이다. 신화에 많은 부분이 어린 시절 겪은 특정한 사건에서 기인합니다.

아래의 내용을 보시고 자신에게 적용하시고 토론해 보세요.

❖ 진리를 알지니 진리가 너희를 자유케 하리라(요8:32)

❖ 주는 영이시니 주의 영이 계신 곳에는 자유함이 있느니라(롬3:17)

◆ 그리스도께서 우리로 자유케 하려고 자유를 주셨으니 그러므로 굳세게 서서 다시는 종의 멍에를 메지 말라(롬 5:1)

◆ 이는 그리스도 예수 안에 있는 생명의 성령의 법이 죄와 사망의 법에서 너를 해방하였음이라(롬8:2)

신화에서 벗어나기 2

신화에서 벗어나기 위해서는 기도를 해야 합니다. 자신의 뜻보다는 하나님의 뜻을 구하고 자기의 생각을 복종시켜야 합니다. 스스로 하기 어려울 때는 지도자에게 자기의 죄를 고백하는 것이 필요합니다. 성경은 "너희는 죄를 서로 고하며 병 낫기를 위하여 기도하라 의인의 간구는 역사하는 힘이 많으니라."(약5:16)고 말했습니다. 만일 다음과 같은 것들이 있다면 그 속에는 신화가 반드시 들어 있는 것입니다. 마약, 술 취함, 도박, 성적 문란, 근친상간, 자녀 학대 등입니다.

"하늘에 계신 아버지, 아버지께서는 그리스도께서 우리로 자유케 하려고 자유를 주셨다고 하셨습니다. 나는 그동안 나의 생각과 신념으로 살아온 것을 고백합니다.

　이런 신념은 나에게 죄를 가져왔고 결국 나는 사망에 이르게 되었습니다. 이제 그리스도 안의 새로운 성령의 법이 나의 신화를 깨뜨리고 당신의 용서와 죄 씻음 받기를 원하오니 죄의 사슬에서 나를 해방시켜 주시옵소서(갈 5:1). 내가 지금까지 아버지의 법을 어기고 나의 신화로 살아온 것과 성령을 근심시켰던 나의 모든 행위를 용서해 주옵소서 예수님의 이름으로 기도드립니다."

　"만일 우리가 우리 죄를 자백하면 저는 미쁘시고 의로우사 우리 죄를 사하시며 모든 불의에서 우리를 깨끗이 하실 것이요."(요한 일서 1:9)

신화에서 벗어나기 3

　신화에서 벗어나기 위해서는 자신의 결점을 직면함으로 가능합니다. 자신의 결정과 생각이 오류일 수 있다는 것을 받아 들여야 합니다. 이는 자신의 무지와 무능함이 십자가에 못박히는 것입니다. 주님은 마음이 상한 자에게 가까이 계시고 영혼이 짓밟힌 사람을 구원해 주십니다.

　당신은 다음의 내용을 가슴 깊게 받아들이고 소중히 여길 수 있습니까?

　나는 유연해질 수 있는 능력을 갖기를 원한다.
　나는 먼저 나 자신을 보고자 힘쓴다.
　나는 괴로움을 회피하지 않고 직면해서 활용하고자 한다.

나는 고통가운데 계시는 주님을 바라본다.

나는 성경을 통해서 근본적인 답을 얻고자 한다.

신화에서 벗어나기 위한 방법

1. 믿음과 사랑 안에서 진리를 함께 나눌 수 있는 신앙
   인과의 교제를 찾을 것.
2. 매일 성경의 의미와 뜻을 연구하고 실천하려고 애쓸
   것.
3. 마음의 생각들이 떠오를 때마다 그리스도께 복종시
   킬 것.
4. 믿을 수 있는 친구들과 당신의 고통을 함께 나눌 것.
5. 그리스도 안에서의 신분을 확신하고 자신의 밝은 자
   화상을 놓치지 말 것.

제5과

거듭남, 수치심에서 벗어나기

수치심은 삶에서 일어난 보이지 않는 작은 일이나 큰 일 모두 다 영향을 줍니다. 수치심 그 자체는 인간이 가지고 있는 감정으로 나쁜 것은 아닙니다. 오히려 수치심은 교만한 우리 자신이 인간임을 깨닫고 하나님 앞에 겸손하게 만듭니다. 그래서 우리가 부족하고 유한한 존재라는 것을 받아들이고 감사하게 합니다. 왜냐하면 수치심으로 말미암아 우리는 자신의 한계를 알고 우리가 실수할 수 있으며 도움이 필요한 존재라는 사실을 알려주기 때문입니다. 한마디로 수치심은 우리가 하나님이 아니고 인간이라는 사실을 알려줍니다. 그래서 우리에게 영적인 근본을 깨닫도록 해줍니다. 그러나 인간의 유한성을 알려주는 수치심이 자칫 잘못하다가는 존재를 수치스럽게 여기는 것으로 변질될 가능성이 있다는 사실입니다.

자신을 수치스럽게 여긴다는 것은 다른 인간과 비교하여 자신을 인간으로써 불합격품이며 못나고 열등한 면이 많은 존재로 여긴다는 말과 같습니다. 일단 수치심이 정체성에 전가되고 나면 우리가 실수할 수 있고 도움이 필요한 인간임을 가르쳐 주었던 건강한 수치심은 어느새 자신을 역겨워하고 수치스럽게 여기는 해로운 수치심으로 바뀌고 맙니다. 자신을 수치스럽게 여기는 사람은 늘 이런 사실이 참을 수 없어 이를 만회하려고 별별 수단을 다 쓰며 거짓된 자기 모습을 만들어 세상에 내보입니다. 그리고 일단 거짓된 모습으로 포장하기 시작하면 진정한 자신은 존재하지 않는 것이나 다름없습니다. 자신이 아닌 무언가로 포장된다면 이는 진정한 자기 자신이 아니기 때문입니다.

엘리스 밀러(Alice Miller)는 자신이 아닌 뭔가 다른 존재를 창출하여 변형되가는 과정을 두고 "영혼의 살인"이라고까지 표현했습니다. 자신이 아닌 뭔가 다른 존재가 된다는 것은 인간이상 혹은 그 이하로 떨어지는 결과를 낳습니다. 해로운 수치심으로 인해 저지르게 되는 일이야말로 자기가 자신에게 가하는 가장 폭력적인 일이라 볼 수 있으며 이는 인간성을 죽이는 일입니다. 해로운 수치심은 모든 종류의 정신적 질병을 일으키는 데 핵심적인 요소가 된다. 절셴 카우프만(Gershen Kaufman)은 이를 가르쳐
"수치심은 내면에 혼란을 가저다주는 절망, 소외, 자기 회의, 고독, 외로움, 편집증과 정신분열증, 강박장애, 자아분열, 완벽주의, 뿌리깊은 열등감, 자신을 부적당감, 경계선 성격장애와 악성 나르시즘을 일으키게 한다." 했습니다.

삭개오

삭개오는 여리고 성의 부유한 세리장이며 키가 매우 작았다고 합니다. 그는 세금 징수를 위하여 세리장으로 일을 하였습니다. 당시 유대인들은 세리를 창기와 같은 죄인들로 천시하였습니다. 삭개오는 침략국의 정권에 동조하여 민족을 수탈하는데 앞장을 섰습니다. 그는 예수님을 보기 위해 뽕나무 위로 올라갔습니다. 이로 보아 그는 대단히 적극적인 사람이지만 당당하지 못하고 뽕나무 뒤에 숨어서 예수님을 바라보아야 하는 수치심의 사람이었습니다. 그는 예수님의 부르심에 즉시 순종하고 아브라함의 자손이라는 명칭을 얻게 되엇습니다. 삭개오는 예수님을 만남으로 이웃을 수탈하였던 것에 대해 보상을 하였으며 그로인해 죄책감과 열등감, 부끄러움에서 벗어날 수 있게 되었습니다.

수가성 여인

수가성 여인은 사마리아인이었습니다. 그녀는 과거 남편 다섯이 있었습니다. 이 여인은 다섯명의 남편과 갈등으로 헤어져야만 했던 불행한 여자입니다. 그렇지만 홀로 살아갈 수 없는 형편이어서 또 다른 남성을 찾게 되는 일이 반복되었습니다. 예수님을 만날 당시에도 여섯 번째 남편과 살고 있었으며 남의 이목을 피해서 물을 길러 왔습니다. 이는 이 여성이 사람들과 환경에 당당하지 못하고 숨어야만 하는 상태를 말해주는 것입니다. 예수님은 이런 이 여인으로 하여금 현실을 직시하도록 하기 위하여 "네 남편을 데려오라"고 말씀하셨습니다. 수가성 여인은 현실감 없이 이상적인 남자가 자기의 목마름을 충족할 것에 대한 환상을 갖고 있었던 것입니다. "더 좋은 남자가 있을거야 지금의 남자로는 어딘지 부족해." 이것은 이 여성이 갖고 있는 현실에 대한 불만족이었습니다. 이 여성은 세상과 사람들 앞에 당당하지 못한 채 목마름으로 반복적인 삶을 살아가야 하는 자신에 대한 수치심을 안고 있었던 것입니다.

아담

아담은 인류를 대표하는 인물입니다. 그는 인간의 불완전을 받아들이지 않았습니다. 그래서 하나님이 되고자 시도를 했습니다. 그는 인간이상이 되고 싶어 했던 것입니다. 그는 자신이 가진 어쩔 수 없는 인간의 한계를 받아들이지 않았습니다.

아담의 자만심은 그를 본래의 인간에서 그 이상인 하나님 같은 존재가 되려고 했고 이 자기궤도 이탈의 시도는 그를 타락하게 했습니다. 본래 인간에게 주어진 자신의 모습을 거절하고는 먹지 말라고 한 선악과를 따먹고 나무 뒤에 숨었습니다. 나무 뒤에 숨어서 자신의 모습을 숨기는 태도는 수치심의 상태를 말해주는 것입니다. 오후가 되어 하나님이 그를 불렀을 때 그는 나무 뒤에 숨어있었습니다. 하나님은 아담을 부르셨습니다.

"여호와 하나님이 아담을 부르시며 네가 어디 있느냐" 아담은 대답하기를 "내가 벗었으므로 두려워하여 숨었나이다"(창3:9-10)라고 대답합니다. 인류 최초의 남자와 여자가 인간임을 만족했던 때는 그들의 벗은 모습을 "부끄러워하지 않았으나"(창2:25) 그들이 하나님처럼 되려고 선악과를 따먹은 후에는 자신의 모습을 숨기게 된 것입니다.

수치심에서 벗어나기 1

수치심에서 벗어나는 첫 번째 방법은 우리는 이미 현재 이 모습과 이 상태로 그리스도 안에서 이미 받아 드려졌다는 것을 믿는 것입니다. 이는 죄와 허물과 실수와 관계없이 있는 그대로의 상태를 말하는 것입니다.

예수님을 부인하고 떠난 제자들에게 예수님은 다시 찾아오셔서 용서하시고 받아주셨습니다. 그리고 베드로에게는 양떼를 맡기셨습니다. 그는 이렇게 한번 더 용서하시고 받아들였기에 능력 있는 제자가 되었습니다. 또한 사명을 버리고 도망친 요나를 하나님께서는 너그럽게 받아 주시고, 다시 불러서 재차 사명을 주셨습니다.

다음은 하나님의 자녀의 신분을 말씀합니다. 자신에게 적용하시고 토론해 보시기 바랍니다.

나는 하나님의 자녀이다(요1:12)
나는 그리스도의 친구이다(요15:15)
나는 이제 의인이다(롬5:1)
나는 주님과 연합되어 그의 영안에서 하나가 됐다(고전 6:17)
나는 값으로 산 것이 됐다(고전 6.19-20)

나는 그리스도의 몸의 한 지체이다(고전 12:27)

나는 성도이다(엡1:1)

나는 하나님의 양자로 입적되었다(엡1:5)

나는 이제 성령으로 하나님께 직접 나아갈 수 있다(엡 2:18)

나는 이제 구속받았고 나의 모든 죄가 용서함을 받았다(골1:14)

나는 그리스도 안에서 충만해 졌다(골 2:10)

수치심에서 벗어나기 2

수치심에서 벗어나는 두 번째 방법은 실수를 했을 때 자기를 비난하는데서 벗어나는 것입니다. 만약 당신이 실수하면 자기비난을 하는 것이야말로 진짜 심각한 실수입니다. 그러므로 실수에 대한 개념을 새롭게 하여야 합니다. 실수에 대한 개념을 새롭게 한다는 것은 실수에 대한 해석이나 관점을 변화시킨다는 것을 의미한다. 다시말해서 실수는 언제나 자연스런 것이고 실수를 통해서 배움의 도구로 사용하는 것입니다. 실수를 삶의 중요한 부분으로 보고 새로운 관점을 가지게 되면 실수를 저질렀을 때 융통성 있게 반응하여 그 실수로부터 자각을 갖게 되고 무언가를 배우고 나가게 되는 것입니다.

만약 당신이 실수를 하였을 때 다음과 같이 활

용하십니까? ○, × 표로 칸을 채우세요

실수를 통하여 배운다( )
실수는 경고의 신호로 작용한다( )
실수는 자발적이 되기 위한 준비 과제이다( )
실수는 필연적이다( )
실수는 현재에는 존재하지 않는 것이다( )

서 약 서

나는 살기 위해 분투하기 때문에 가치가 있다. 나는 있는 모습 그대로의 내가 좋다.

나는 정당한 욕구를 가지고 있다. 나는 내 삶에 책임을 진다. 나는 나 자신에 대해 온정과 사랑을 느낀다. 나는 항상 매순간에 최선을 다한다. 실수란 내가 나중에 부여한 명칭이다. 나는 더 현명한 선택을 하기 위해 자각을 확장하고 있다. 나는 지난날의 우둔한 선택에서 벗어나고 있다. 내가 행한 모든 것은 치러야할 대가를 지닌다.

선택의 순간에서 나는 자각이 허락한 것만을 한다. 다른 사람의 행동에 화를 내는 것은 어리석다. 그들 또한 그들의 자각이 허용한 한도 내에서 행동했기에 모든 사람이 최선을 다하고 있기 때문에 나는 동정과 공감을 느낄 수 있다.

나의 기본적인 일은 자각을 확장시키는 일이다. 나보다 더 가치있거나 가치없는 사람은 없다. 내가 존재한다는 것 자체가 내가치를 인정한다. 나는 실수로부터 무언가를 배울 수 있다. 모든 사람의 자각은 다르다. 그러므로 비교는 무가치하다.

　수치심에서 벗어나기 위한 세번째는 그리스도 안에서 담대해지는 것입니다. 과감하게 예수님을 의지할 때 예수님이 함께 하시는 것입니다. 예수님과 제자들이 바다의 풍랑을 만났습니다. 이때 예수님은 말씀하십니다. "어찌하여 이렇게 무서워 하느냐 너희가 어찌 믿음이 없느냐?", "그러므로 너희 담대함을 버리지 말라 이것이 큰 상을 얻느니라(히10:35)

　다음의 구절을 읽으시면서 자신에게 적용하시고 자신의 과거와 현재 이 부분을 적용해 보시기 바랍니다.

나는 이제 모든 정죄에서 부터 자유함을 얻었다.
하나님을 사랑하는 나에게 모든 것이 합력 하여 선을 이룰 줄 확신한다.
나는 나에게 오는 모든 정죄/참소에서 자유하다.
나는 이제 하나님의 사랑에서 끊어 질 수 없다.
하나님은 나를 세우셨고, 기름 부으셨고. 인쳐 주셨다.
나는 하나님 안에서 그리스도와 함께 감춰어 졌다.
내 안에서 하나님께서 시작하신 선한 일이 완수 되리라고 확신한다.
나는 하늘나라의 시민권 자이다.

나는 두려운 영을 받은 것이 아니고 능력과, 사랑과 근신하는 마음을 받았다.

나는 이제 필요할 때마다 은혜와 자비를 찾을 수 있다.

나는 하나님께로부터 나음을 입었고 그래서 악한 자가 나를 만지지도 못한다.

제6과

혼란, 거듭남의 시작

니고데모는 바리새인입니다. 바리새인은 유대 사회에서는 율법을 통해서 민중을 깨우치고 가르치면서 활동하는 계몽 운동가입니다. 이들은 초기에 나름대로 율법의 특수계층을 타파하려고 노력했던 집단이었습니다. 이들은 일반 서민들에게 대중운동을 전개했습니다. 전통적으로 이들은 종교 직업인은 아니었습니다. 가난하고 못사는 사람을 도와주고, 시나고그(회당) 집회 장소에서 율법을 가르치고 그들을 올바른 길로 인도하는 사람들이었습니다. 사람들은 이들을 랍비라고 불렀습니다. 당시 유대사회에서 랍비는 존경할만한 분들이었고 긍정적인 역할을 했던 사람들이었던 것입니다. 그러나 시대를 갈수록 랍비의 숫자가 점점 늘어나고, 율법주의자가 늘어나면서 이들은 서민들에게 민폐를 끼치는 존재가 되기도 했습니다.

사람들은 예수님을 랍비라고 불렀습니다. 예수

님도 사람들에게는 랍비처럼 보였던 것입니다. 예수님은 상당한 지식의 통찰력의 소유자였습니다. 민중들에게 하나님 나라를 가르쳐 주었으며 알아들을 수 있는 비유를 동원해서 말씀했습니다. 니고데모는 랍비 중에서 대랍비였습니다. 그는 최고 지도자 중의 한 사람이었습니다. 그는 산헤드린 멤버이며 바리새인 중에서는 최고의 관리이며 정신적 지주였습니다. 니고데모라는 이름은 "민중의 승리"라는 뜻입니다. 그는 바리새인 중에 유대 관원입니다. 당시 유력한 당파의 배경을 가진 70인 공회의원입니다. 그는 귀족계급을 가지고 있었고 열심히 노력해서 선생의 위치에 오른 사람입니다. 그는 모든 사람의 선망의 대상이 된 사람인 그가 밤중에 예수님께 찾아왔습니다.

니고데모가 밤에 찾아온 것입니다. 밤은 내적 어둠과 암흑, 감각이 무디워진 상태, 삶의 무의미의 시간입니다. 현재 니고데모는 알지 못하는 답답함과 고통 그리고 삶의 괴로움이 있습니다. 영혼의 혼란의 시기이며 어두운 밤을 맞이한 것입니다. 어쩌면 밤은 새로운 새벽에 대한 시작을 알리기도 합니다. 그것이 무엇인지는 알 수 없습니다. 오래 전 야곱이 맞이한 어두운 밤의 시간은 동일하게 니고데모에게도 찾아온 것입니다. 야곱은 어두운 밤에 하나님이 보낸 어느 사람을 만났습니다. 그러나 니고데모는 자신의 발로 찾아와서 직접 예수님을 만난 것입니다. 그리고 예수님께 해답을 구합니다. 그리고 그는 예수님을 보자 이렇게 말했습니다. "랍비여 당신은 하나님으로부터 온 선생인줄 압니다." 니고데모는 예수님에 대해서 하나님의 사람임을 인정했습니다. 그의 자세가 훌륭했습니다. 그리고 이어서 "하나님이 함께 하시지 않는 한 이런 표적을 행할 수 없습니다." 니고데모는 예수님의 행하시는 표적을 칭찬했습니다. 니고데모의 입장에서 보면 예수님께 대단히 진지하게 접근하는 장면입니다. 너무나 진지하고 솔직한 자세로 예수님께 다가왔던 것입니다. 아마 이런 부분은 그가 예수에 대한 많은 소문을 들었을 것이며 성전에 장사치들과 돈 바꾸는 이들에 대해 격분하고 상을 뒤엎었던 일을 알고 있었던 듯합니다.

그리고 그 일에 대해 남들은 이렇게 당신을 생각하고 있지만 나는 그렇지 않다고 나름대로 피력하고 있는 것입니다. 예수님은 그 말에 별로 관심을 두지 않는 듯합니다. 그리고 니고데모를 보시고는 무언가를 말씀 하십니다. 예수님께서 무언가 할 말이 있다는 듯이 말씀하셨습니다. "누구든지 거듭나지 아니하면 하나님의 나라를 볼 수 없습니다."

니고데모는 혼란스러운 상태입니다. 혼란은 힘들고 고통스럽지만 새로운 정체성을 갖게 되는 기회가 됩니다.

◆ 다음과 같이 연습해보세요. 상대방과 마주 보고 앉아서 그가 당신에게 "당신은 누구십니까?"라고 묻도록 하세요. 당신이 대답한 후 10초가 흐른 뒤 그에게 다시 당신을 향하여 "정말로 당신은 누구십니까?"라고 묻도록 하십시오. 당신이 그에 대답한 후 그가 다시금 당신에게 "진실로 당신은 누구입니까?"라고 묻도록 하십시오. 적어도 한 30분 동안 이 방법을 계속해 보세요. 아마도 그 질문에 답하는 것이 점점 어렵다고 느낄 것입니다. 이것을 해본 후 당신에게 어떤 일이 일어나는지를 보세요.

가 족

가족이 혼란스러울 때가 있습니다. 가족 내에 일관적인 규칙이 없거나 결단코 받아보지 못한 사랑을 부모들이 요구할 때 자녀들은 혼란스러움을 겪습니다. 우리들은 어려서부터 삶을 위한 어떤 경계선이나 구조도 세워주지 못했다. 어떤 부모는 정반대입니다. 즉 자신이 혼란스런 가정에서 자라나 결혼해서 자신의 가정을 이룬 후에는 아이들에게 매우 경직되고 완벽주의적인 규칙을 강요하기도 합니다. 혼란스런 가족은 일관성 없는 규칙을 갖고 있습니다. 그런 가족의 부모는 자녀들을 모질게 훈련시키지만 자신은 훈련되지 않은 사람들이 많습니다. 부모-자녀의 세대간 경계선이 여러 방식으로 얽혀 있습니다. 이런 경계선은 "밀착된(Enmeshed)" 관계라고 말합니다.

밀착이란 어디서 시작하고 어디서 끝내야 할지 알 수 없는 혼돈의 상태를 말합니다. 아이들은 부모의 말을 들을 때만 인정받기 때문에 자신의 느낌, 사고, 욕망에 대해 혼란을 느끼게 됩니다. 아이들이 신체적 경계선이 침범당하는 경우가 있습니다.
혼란스런 가정에서 행동의 주된 동기는 사람을 기쁘게 하는 법을 배우는 것입니다. 이러한 가정에서 사랑이란 결핍과 정서적 배고픔에서 기인합니다. 아이들은 "망가진"아이들이 되거나 아니면 부모를 "돌보는 자" 혹은 두 역할을 모두 수행하도록 강요되기도 합니다.
혼란스런 가족의 아이들은 가족의 욕구를 충족시키는 역할을 부여받습니다. 또한 부모의 결혼생활을 돌보도록 알게 모르게 강요됩니다. 이런 가족의 부모들은 대개 미숙하고 유치하기 때문에 자녀들이 자기를 행복하게 해 주기를 은근히 기대하는 것입니다. 이런 경우 자녀들은 자신이 부모를 돌보거나 다른 사람의 기분을 좋게 해 줄 때만 사랑받는 것을 배우게 됩니다.

때로 부모는 자녀 사랑을 너무나 원하기 때문에 스스로 아이의 노예가 되기를 자처하기도 합니다. 결국 아이들이 모든 힘을 가지게 되어 매우 버릇없이 되거나 요구가 많은 아이가 됩니다. 이런 아이는 후에 사랑을 일종의 진통제로 여기기 쉽습니다. 사랑에 빠지고 누군가의 칭송을 받는 것이 가장 익숙한 사랑의 형태가 되는 것입니다. 사랑중독은 종종 결핍에서 기인합니다. 그 사랑은 내면의 공허감을 채우기 위한 수단이 되는 것입니다.

과연 무엇으로부터 새로워져야 한다는 말입니까? 예수님의 말씀은 결국 인간 내면에 대한 것을 말씀하시는 것인데 먼저 무엇으로부터 거듭나야 한다는 것입니까?

함께 나누기

◆ 내 결혼생활은 왜 여전히 혼란스러운가요?

◆ 자신의 감정, 생각, 욕망이 모두 통제된 아이는 자기 자신을 포기할 때만 아버지에게 인정받는 사람이 된다는 것을 배우게 됩니다. 이것이 혼란입니다. 이런 혼란의 상태 속에서 아이는 필수적으로 다른 생각을 갖게 됩니다. 즉 '내가 사랑받을 길은 나 자신이 되지 않는

것이다'라는 것입니다. 이런 생각이 자기를 잃어버리게 되기 시작합니다. 자신에게 이런 경험이 있었습니까?

◇ 가끔 "나는 내 자신이 되지 않을 때만 사랑받을 수 있어" 혹은 "나는 내가 누구인지 모르겠어"와 같은 딜레마에 직면합니다. 당신이 혼란을 경험한 적이 있습니까? 인생의 의미를 잃어버리고 즐거움을 얻지 못한 경우, 당신은 어떤 상태였나요?

◇ 영적인 지도자들은 영혼의 어두운 밤을 자아가 죽는 것이라고 표현하기도 합니다. 이 "영혼의 깊은 밤"의 시기에 혼란은 필수적입니다. 혼란이 올 때 당신은 어떤 심정입니까?

프란시스 톰슨(Francis Thompson)이 그의 시 "The Hound of Heaven(하늘의 지킴이)"에서 다음과 같이 노래합니다.

나는 그에게서 도망쳤네, 밤에도 그리고 낮에도.
나는 그에게서 도망쳤네, 수많은 세월 동안을.

나는 그에게서 도망쳤네, 내 마음속 미궁 같은 길로.
그리고 슬픔 속에서도 나는 숨었네. 겉으로는 연이어
웃으면서도.
희망에 부풀어 오르다가도
두려움의 골짜기 거대한 울음 속으로 곤두박질쳐 버렸
네,
나를 따라오는, 추적해 오는 그 힘찬 발소리로 부터.
그러나 서두르지 않고
흐트러지지 않는 걸음걸이,
일부러 속도를 내며, 장엄한 긴박함으로
두드린다. - 그리고 한 목소리가 두드린다.
발소리보다 더 긴박하게-
"네가 나를 배반하기에, 모든 것이 너를 배반한다"

나를 추적해오는 그의 발자욱.
그것이기에 기쁨이 아닌가.

　　종교개혁가 마틴 루터는 혼란을 이기는 접근을
찾아냈습니다. 십자가를 중심으로 한 것입니다.

"첫 성금요일에, 당신이 그 자리에 있다고 상상해
보라. 십자가 처형 장면에 다시 들어가라. 외롭고
쓰라린 갈보리 길을 비틀거리며 가시는 그리스도
를 사람들 틈에서 함께 지켜보라. 십자가 주변에서
그리스도의 죽음을 지켜보는 무리 속에 섞여 들라.
단 뒤이어 벌어질 일은 아직 생각해서는 안된다.
눈앞에 닥친 첫 부활절을 당신은 모른다. 예수께서
죽으실 때 당신은 그것으로 끝인 줄 안다. 십자가
를 순전히 십자가로 경험하라. 부활로 모든 것이
바뀌겠지만 당신은 아직 그것을 모른다. 제자들이

비탄에 젖은 까닭을 이제 알겠는가? 성경은 그들이 목자 없는 양 같았다고 말한다. 물론 그들은 부활이 있을 줄 알아야 했다. 그러나 그리스도께서 수치와 모욕의 십자가에서 죽으셨다는 냉엄하고 혹독한 현실 앞에 그것은 까맣게 잊혀진 듯했다. 그들의 모든 소망의 기초가 되셨던 분이 죽으셨다. 그들의 소망도 함께 죽은 듯했다. 이 제자들의 경험 속으로 들어가라. 이해하는 정도가 아니라 더 깊이 들어가라. 그들의 무산된 세계에 당신 자신을 대입하라.

잠시 다음 세 단어에 집중해 보라. 그 정서적 파장을 흡입하며 깊이 생각해 보라. 어떤 경험을 말해 주고 있는가? 그것을 사전 속의 단어만이 아니라 실생활의 경험으로 안다면 어떤 심정일까?"

☞ 혼란 속에 십자가를 묵상하는 방법

◈ 마음의 눈으로 십자가 처형 장면을 그려 보십시오. 예루살렘 성벽 밖에 작은 언덕이 있습니다. 거기 세 개의 십자가가 있습니다. 가운데 십자가에 집중하세요. 거기 두 팔을 벌리고 있는 그리스도를 보세요. 그 분은 당신을 위해 그 자리에 있습니다.

◈ 이제 세부사항을 채워 나가세요. 그 분은 가시 면류관을 쓰고 있습니다. 가시에 살갗이 찢깁니다. 피가 떨어집니다. 고통에 일그러진 얼굴을 보세요. 십자가에 못박힌 손으로 눈길을 옮기세요. 못의 흉측한 상처에서 피가 뚝뚝 떨어집니다. 얼른 마음에 잘 받아들여지지 않을 정도로 처참한 광경입니다.

◈ 무리의 함성을 들어 보세요. "십자가에서 내려오라! 너 자신을 구원하라!" 그러나 그 분은 그 자리에 남아 우리를 구원하셨습니다. 우리를 향한 그 분의 사랑은 끝이 없습니다. 우리를 살리시려 그 분은 모든 것을 내주셨습니다.

머릿속에 그림이 잡혔으면 이제 이런 일이 생긴 이유를 생각해 보세요. 그 분은 당신을 위해 그렇게 하셨습니다. 우리는 그만큼 그분께 중요합니다. 낮은 자존감으로 고생하는 사람은 이 통찰을 마음에 새겨야 합니다. 당신은 세상에서 가장 크신 분께 아주 중요한 존재입니다!

☞루터에게 있어 그리스도의 상처를 묵상하는 것은 하나님의 사랑에 대한 회의를 떨쳐 내는 최고의 해독제였습니다. 그 상처를 마음속에 떠올려 보십시오. 고이 간직하세요. 그 상처로 인해 우리는 나음을 입었습니다. 각 상처마다 우리를 향한 하나님의 놀라운 사랑을 확증해 줍니다. 세상의 구주의 몸에 박힌 못마다 "그 분은 우리를 사랑하신다!"고 외치고 있습니다. 우리에게 모든 것을 내어주신 분을 어찌 의심할 수 있으랴!

제7과

천국은 이런 자들의 것이다

"가라사대 진실로 너희에게 이르노니 너희가 돌이켜 어린아이들과 같이 되지 아니하면 결단코 천국에 들어가지 못하리라." (마태복음18장 3절)

　사람들은 어린아이를 미숙한 상태, 철없는 상태로 여기고 어린아이들을 무시하거나 업신여기고, 경멸하고, 천대하고, 심지어 학대하기까지 합니다. 어린아이들이 오는 것을 제자들이 막는 것을 보시고 예수께서는 말씀하셨습니다. "어린아이들을 용납하고 내게 오는 것을 금하지 말라 천국이 이런 자의 것이니라 (마19:14)"

　어린아이들은 가면을 쓰지 않습니다. 어른들이 어린아이들에게 그들의 인성의 한 면을 긍정하고 다른 면들은 부정함으로써 그들의 진짜 감정을 숨기는 법을 배우도록 강요하기 전까지만 그렇습니다. 어린아이들은 자연스러우며 그 어떤 위선적인 의도도 없이 자신들이 느끼는 바를 직접적으로 표현합니다. 천국에는 어린아이의 이런 특성을 계발해야 할 것입니다.

　예수님은 어린아이가 천국에서 어른보다 큰 자라고 하시고 "너희가 돌이켜 어린아이들과 같이 되지 아니하면 결단코 천국에 들어가지 못하리라"고 하시고 "누구든지 이런 어린 아이 하나를 영접하면 곧 나를 영접함이니"라고 말씀하시고 "누구든지 나를 믿는 이 소자 중 하나를 실족케 하면 차라리 연자 맷돌을 그 목에 달리우고 깊은 바다에 빠뜨리우는 것이 나으니라"고 말씀하셨습니다. "돌이켜 어린아이들과 같이 되지 아니하면"(turn and become like children) 천국에 들어가지 못한다는 말은 무엇을 말합니까?

어린아이의 잠재성

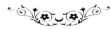

어린아이는 가식이 없습니다. 아이에게는 자유가 있으며 창조성이 넘칩니다. 아이는 너무나 자연스러운 상태에 머물게 됩니다. 아이는 내부에서 느낀 것을 있는 그대로 외부에 드러냅니다. 외적인 부분과 내면의 실재 사이에 분열이 전혀 없습니다. 내면세계와 창조적인 접촉을 갖습니다.

어린아이는 태어날 때부터 가지고 나오는 잠재성이 있습니다. 아이들은 본성적으로 경이로운 존재입니다. 아이는 경이와 호기심이 가득합니다. 이 경이감과 호기심이 아이들로 하여금 자신들의 지각세계에 펼쳐진 모든 것을 탐색하도록 해줍니다. 그들은 탐색을 용기와 쾌활함과 상상력을 동원하여 합니다. 이런 경이감, 기쁨, 호기심, 탐구심, 생기발랄함, 용기, 상상력이 종종 유치하다고 여겨지고 성인이 되면서 잃어버리는 부분이기도 합니다. 그러나 사실 이러한 것들은 인간의 기본적인 특성이며 순수한 영혼의 핵을 구성하는 것입니다. 그리고 영혼의 충만함이란 순수하고 지속적인 인간의 사랑의 근본이 되는 것이다.

◆ 거듭나게 되면 어린아이들의 경이감, 기쁨, 호기심, 탐구심, 생기발랄함, 용기, 상상력을 회복하는 것입니다. 당신에게 이런 것을 표현했던 경험을 말해 보시오.

있는 그대로의 상태

인간 본성은 하나님의 형상에 그 뿌리를 두고 있습니다. 아이가 양육됨에 따라 자연적으로 드러나게 되는 것입니다.

우리는 삶을 긍정하는 호기심, 놀라움, 기쁨 등의 감정을 갖고 태어납니다. 또한 우리는 삶을 방어하고 자기를 보존하는 분노와 두려움, 슬픔 등의 감정을 갖고 태어납니다. 아이들은 호기심이 많으며 위험을 감수하기를 좋아합니다. 그들은 용기가 있어 광활하고 위험한 세상을 향해 도전하는 것을 좋아합니다. 아이들은 삶과 인생의 과정을 신뢰합니다. 세상을 신뢰하는 선천적인 경향을 갖고 태어나는 것입니다. 아이들은 저지당하면 그것을 되받아 칠 힘이 있습니다. 아이가 걸음마를 배울 때 탄력성을 생각해 보세요. 아이들의 사고는 자기중심적이고 비논리적입니다. 비논리적이라는 것은 앎의 방식인데 영혼이 무엇인가를 알아가는 방법을 말합니다. 비논리적인 사고는 시적입니다. 여기에는 상상력과 느낌이 포함됩니다. 아이들은 춤추고 노래하는 것을 좋아합니다. 아이들은 이 야기 동화를 좋아합니다. 이야기, 노래, 춤, 시 등 이야 말로 진정한 앎의 모델입니다. 그것은 인간 삶의 일부이며 논리적인 앎의 과정만큼 중요한 것들입니다.

아이들의 마음속에 하나님이 계시다

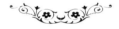

우리는 하나님의 형상대로 창조되었습니다. 하나님이 우리를 이미 알고 계시고 세웠다고 말씀하십니다. "내가 너를 복중에 짓기 전에 너를 알았고 네가 태에서 나오기 전에 너를 구별하였고 너를 열방의 선지자로 세웠노라"(렘1:5) 어린아이는 우리의 기초이며 우리는 어린아이에서 시작하였습니다. 우리 안에는 이미 하나님의 성품이 들어 있습니다. 인도사람은 "나마스떼"라고 인사합니다. 이 말은 "당신께 깃들여진 신께 문안드립니다."라는 뜻입니다.

우리는 다른 사람을 깊이 이해합니다. 또한 다른 사람과 소통하기도 합니다. 이는 내면에 하나님의 성품이 반영된 것입니다. 아이들의 마음속에는 이미 하나님의 성품이 깃들여져 있는 것입니다. 누구든지 어린아이와 같이 자기를 낮추는 그이가 천국에서 큰 자니라(마18:1-4) 아이는 위선 없이 느끼는 바를 표현합니다. 거짓 없이 외양과 내면세계의 긴밀한 연관성을 가지고 상상력과 창조성과 자발성이 샘솟는 천국에 들어가야 합니다. 그가 성인이라고 할지라도 어린 시절의 아이를 부정하면 대단히 유아적인 상태에 머물게 됩니다.

함께 나누기

◆ 당신에게 하나님의 어떤 성품이 있다고 생각하십니까?

◆ 거듭난 상태는 어떠해야 한다고 생각하십니까?

☞아이들의 영혼에 상처를 주지 마십시오. 어린아이의 상처는 그들 내면의 하나님의 성품에 상처를 주는 것입니다. 이 말에 동의하십니까? 상처를 찾아보십시오.

제8과

나에게 닥쳐온 위기

보통 위기를 만나면 당황합니다. 그러나 위기는 자신을 되돌아 볼 수 있는 눈을 갖게 되는 기회가 되기도 합니다. 그동안 자신이 무엇을 하면서 살아왔으며 어떤 공격 및 방어적인 삶의 태도나 말, 행동을 하고 살아왔는지 하는 것이 보이기 시작합니다. 위기는 자신으로 하여금 관계의 현실을 보게 해줍니다. 삶의 방식을 다른 각도에서 보도록 해 주고 기존의 패턴이 바뀌도록 해줍니다. 니고데모에게도 그런 위기의 시간이 찾아온 것입니다. 위기는 그간 자신이 행동해 왔던 습관적인 방식들이 더 이상 유용하지 않다는 것을 알도록 하는 것입니다. 이런 위기의 순간에 우리에게 찾아오시고 힘과 지혜를 주시는 분이 성령입니다. 성령이 오시면 위기 속에서 카이로스 즉 의미 있는 시간이 되도록 해주고 의미를 통해서 새로운 삶이 열리는 것입니다.

성령은 어떤 상황에서 오게 됩니까? 기도, 예배, 헌신과 같은 시간에만 오는 것은 아닙니다. 성령의 통로는 제한적이지 않습니다. 니고데모가 예수님을 만나듯이 만남을 통해서 이루어지기도 하고 깊은 묵상, 일을 하면서도 올 수 있습니다.

자신을 돌아보기

권위있는 수도자 포이맨에게 멀리서 어느 지식인이 찾아왔습니다. 그리고 대단히 높은 지식을 가지고 말을 건넸습니다. 포이멘은 그저 듣고만 있었습니다. 그는 위대한 스승의 교훈을 듣고 싶어서 먼길을 왔습니다. 자신의 말에 대답을 안해주는 수도자에게 화가 난 지식인이 떠나려고 하였다. 그러자 제자가 스승에게 물었습니다. "그는 멀리서 오신 분인데 왜 가르침을 주지 않습니까?" 그러자 수도자는 이렇게 말했습니다. "그는 높은 데 살며 하늘에 관해 말하는 사람이고 나는 아래에 있는 한사람으로 세상일에 대해 말한다오. 그거 영혼의 욕정에 대해 얘기했더라면 대답했겠지요. 그러나 그가 영적인 것에 대해 말을 해서 나는 알아듣지 못했다오!"

그러자 제자가 그 지식인에게 달려가서 스승의 말을 전했습니다. 그러자 지식인은 다시 찾아와서 물었습니다. "정욕이 나를 뒤덮으면 나는 무엇을 해야 합니까?" 그러자 수도자가 대답합니다. "이제야 바로 찾아 오셨구료. 이런 문제들에 대해 입을 열어보시오. 그러면 가득 채워 드리겠소" 정욕에 대해 이야기 하자 그때서야 대화가 진지해 지고 그들은 하나님이 그들 앞에 계시는 것을 느끼게 되었습니다.

◆ 당신은 하나님께 자신의 어두움과 실패, 절망에 대해 도움을 구합니까? 아니면 자신의 성공과 우월감을 가지고 도움을 구합니까?

◆ 당신은 내면을 바라보십시오. 그러면 하늘을 볼 것입니다. 예수님처럼 그분과 함께 하늘로 오르기 전에 자신의 솔직한 인간성으로 내려와야만 합니다. 다른 사람의 결점보다 자신의 결점을 관찰하고 그 결점을 안고 끊임없이 하나님께 기도하세요.

십자가

그리스도 예수의 사람들
은 육체와 함께 그 정과
욕심을 십자가에 못박았
느니라(갈 5:24)

십자가는 곧 위기와 고통을 상징합니다. 예수님은 말씀합니다. "제 십자가를 짊어지고 내 뒤를 좇아오지 않는 사람은 내 제자가 될 수 없다."(눅 14:27), "누구든지 나를 따르려면 자기 자신을 부인하고 날마다 제 십자가를 지고 나를 따라야 한다(눅9:23)

십자가는 매일 겪는 일상적인 역경과 갈등 그리고 우리를 실망시키고 상처를 주는 것을 말합니다. 십자가는 우리의 비현실적인 기대를 깨뜨립니다. 우리는 누군가 나에게 상처나 모욕을 주고 힘들게 대하면 곧바로 원망합니다. 성경은 자기를 부인하라고 했습니다. 그리스어로 부인(아네이스타이)한다는 뜻은 저항, 거리를 둔다는 뜻입니다. 이 말은 "진정한 자기를 찾기 위해서는 십자가의 경험을 통해 자신을 과장하고, 모든 것이 자기를 위해 있어야 한다고 착각하는 우월감을 내려놓아야 한다는 것입니다." 즉 우월감을 버리라는 뜻입니다. 십자가는 삶을 위한 열쇠입니다. 십자가는 영혼으로 들어가는 문, 나 자신의 중심으로 들어가는 문을 열어줍니다. 십자가를 통해서 나는 성공, 행복, 인정과 애정, 비판과 모욕을 넘어 자신이 본래 어떤 존재이며, 무엇을 못박을 것인지 깨닫도록 해줍니다.

◆ 당신은 그동안 무엇을 가지고 자신을 방어하면서 사셨습니까?

◆ 자신의 십자가를 진다는 것은 자신의 결점의 쓴 잔을 한 방울도 남김없이 마셔야 함을 뜻합니다. 우리 결점이 이웃의 결점과 비교하여 대수롭지 않게 보일지라도 그것을 받아들이고 직시해야 합니다. 그것이 무엇입니까?

◆ 방어적인 방어막을 벗기고 원래의 고통을 찾아보세요. 어릴 때부터 지금까지 회피해 왔던 감정을 느끼는 것을 포함합니다. 고통, 슬픔, 수치심 그리고 분노의 감정을 느끼는 것입니다. 이 작업을 통해 자신을 더 사랑하고 수용할 수 있게 됩니다. 이런 것들 때문에 누구와도 친밀한 관계를 맺지 못하게 되기 때문입니다.

다음과 같은 부분들이 우리들의 삶을 이루고 있다면 "어떻게 하면 거듭날 수 있을까요?"라고 물어보아야 합니다.

무가치감

무가치감은 끊임없는 부정적인 생각을 떠올리게 하면서 서서히 파괴시킵니다. 너무나도 큰 부정적인 생각으로 자기 자신을 믿지 못하며 스스로를 가치 없게 여깁니다.

◆ 자신이 무가치하다고 여기고 우울증에 깊이 빠져본 적이 있습니까? 자신이 살아 있다는 사실에 대해 감사하고 가치감을 가져본 적은 있나요?

보상받으려고 함

언제나 보상받으려고 하는 마음으로 살다보면 나중에는 자신이 누구인지도 모릅니다. 이런 사람은 자신의 영혼에 구멍이 난 것을 외부에서 보상받으려고 합니다. 이런 사람은 어마어마하게 성취하는 모습과 어림도 없는 모습, 거룩한 모습과 악한 모습, 권력으로 찍어 내리려는 모습과 동정심으로 밀어 붙으려는 모습 등 항상 극과 극을

달립니다.

> ### 함께 나누기
>
> ◆ 내면의 평화를 유지하고 있습니까? 아니면 자기를 잃어버린 채 돈, 명예
> 등 외적인 부분에만 관심을 기울입니까?

상대방에게 의존함

    사람을 의존하는 사람은 홀로 서지 못합니다. 언제나 대상이나 상
대방으로부터 만족을 누리려고 하고 의지하려고 합니다. 사랑, 행복,
자신에 대한 느낌조차 상대방에게 의존합니다. 자신 안에서의 느낌
과 참 자신에 대한 자각이 전혀 없이 모든 것을 상대방에게서 구하려
는 시도는 자신과의 소외된 고통을 더 강화시켜주고 인간관계 가운
데 문제를 일으킵니다.

> ### 함께 나누기
>
> ◆ 성경인물 롯은 어린 시절 상실감을 겪었던 사람입니다. 그는 무엇이 문제
> 가 되었을까요?

중독

중독의 정의는 "순간의 만족을 얻기 위해 삶 전체를 희생시키는 정신적 행위"입니다. 사람들을 중독으로 몰아가는 중심에 깔린 생각은 자신이 열등하고 불안정한 사람이라는 생각입니다. 그래서 이 생각을 달래 보고자 일과 쇼핑 또는 도박을 통해 몰두하여 잠시 잊으면서 순간적인 만족을 구하려 듭니다. 모두 정도에서 넘어서서 일 중독자는 일에서, 알코올중독자는 술에서, 애정에 중독된 사람은 애정 행각에서 각자 즉각적인 위안을 얻으려 듭니다. 하지만 이 모든 것은 내면의 불만족을 보상받으려는 행위이며 이에 따른 결과는 오히려 그 전보다 더 비참해지며 수치심의 정도가 더 깊어질 뿐입니다.

함께 나누기

◆ 중독은 오늘날 대표적인 질병 중의 하나입니다. 이들은 내면이 너무나 열등감에 쌓여 있습니다. 주변에 그러한 사람들의 예를 찾아보십시오.

완벽주의

  자신을 수치스럽게 여기는 사람은 자신의 내면을 커버하기 위해 밖으로는 완벽한 모습을 보여주고 싶어합니다. 이들은 인간의 한계라는 것을 잘 모릅니다.

  결코 어디까지가 적당한지 모릅니다. 항상 남과 비교를 함으로써 자기가 더 우수한 인간이라는 평가가 주어지게 합니다. 그래서 아무리 노력을 해도 '이 정도면 되었어' 라는 개념이 없습니다. 이런 사람에게는 도무지 측정할 수 없는 일조차 자기 기준으로 비교해놓고 좋은 것과 나쁜 것, 더 좋은 일과 더 나쁜 일이라는 경계로 나누어 버립니다. 그리고 이 좋고 나쁜 것의 기준을 정해 놓고는 도덕과 윤리의 잣대로 따지며 스스로 심판하기도 합니다. 사람들로 하여금 자신을 남과 비교하게 만듭니다.

함께 나누기

◈ '좀더, 좀더'하면서 기대 이상으로 자신이나 타인에게 채찍을 가한 적이 있습니까? 인간은 불완전하다는 사실을 인정하십니까?

굳은 신념

  굳은 신념은 어린시절 아이가 살아남기 위해 만들어내는 생존방식이며 그것이 굳어진 상태를 말하는 것입니다. 우리가 어린 시절 굳은 신념을 갖게 되면 비록 의식적으로 한 것은 아니라고 할지라도 성인이 되어서 그 신념으로 살아나간다는 것입니다. 우리는 굳은 신념의 근원이 무엇인지 단번에 알 수는 없습니다. 그러나 중요한 것은 그러한 굳은 신념이 우리의 삶에 근간을 이루고 있다는 데 관심을 가져야 할 것입니다.

> ◆ 성경인물 야곱에게는 "반드시 이겨야 한다"는 굳은 신념이 있었습니다. 이는 어린 시절 만들어진 오래된 신념입니다. 이는 살아남기 위해 만들어진 신화입니다. 인간의 변화 받아야 할 것은 하나님 없이 스스로 만들어낸 신념입니다. 나의 것을 찾아 봅시다.

삶의 패턴

인간의 내면과 행동에는 일정 주기가 형성됩니다. 일정한 패턴이 형성됩니다. 이것은 오래된 삶의 습성과 같은 것입니다. 인간에게 혼란이라는 위기에 접하게 되면 혼란으로부터 벗어나기 위해 하나의 역할을 맡게 되고 패턴을 형성하는 것입니다.

◆ 요한복음 4장에 나오는 우물가의 여인은 반복적으로 여러 남자를 만나는 삶을 살아왔습니다. 이것은 그녀의 삶의 패턴입니다. 나에게 형성된 삶의 패턴은 어떤 것이 있습니까?

제9과

무엇으로 거듭나는가?

　　니고데모와 예수님의 이야기로 돌아가 보겠습니다. 니고데모는 예수님의 거듭남이라는 말을 잘 이해하지 못하고 있었습니다. 바리새인들은 이방인들이 구원을 받으려면 할례를 받고 나서 유대인으로 거듭나는 것이라고 배웠습니다. 그런데 유대인으로 태어났고 그중 관원으로 살아가는 니고데모에게 거듭나야 한다는 말은 선뜻 이해가 되지 않는 말이기 때문입니다. 니고데모는 단순하게 "어머니 뱃속으로 다시 들어가는 것을 말하는 겁니까?"고 되물었습니다. 거듭남을 단순하게 여기는 것 같았습니다. 니고데모의 그 말에 대해 예수님은 설명하십니다. "물과 성령으로 나지 아니하면 하나님 나라에 들어갈 수 없다."

　　과연 물과 성령을 무엇을 상징하는 것입니까? 기독교에서 물은 무엇을 의미하고 성령은 무엇을 뜻하는 것인가요?

◆ 예수님이 당신에게 주는 격려는 무엇입니까?

◆ 이 만남에서 당신이 취할 것은 무엇입니까?

하나.

어느 분은 11세에 끔찍한 일을 당했습니다. 강제로 성폭행을 당했던 것입니다. 당시에 성폭행을 당했던 아이는 너무나 무서웠고 두려웠습니다. 그 아이는 그 일을 집에 와서 절대로 말할 수가 없었습니다. 이후 그녀는 '성적 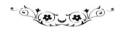 인 행동'에 대한 욕구를 가지는 것만으로도 스스로를 정죄하였습니다. 그리고 항상 이런 신념을 갖게 되었습니다. '강한 자에게는 목숨 걸고 자기를 지켜야 한다.' 그 후 이 아이가 성장하게 되면서 그런 신념은 더욱 굳어지게 되었습니다. 이 여성은 자신에게 누군가 강한 모습을 보이면 이기기 위해서 몸부림을 치며 대들었습니다. 이 여성이 갖는 굳은 신념은 이 여성으로 하여금 악착같이 남들을 억누르고 짓밟도록 내면에서 조종을 했습니다. 이 여성에게 거듭남은 무엇인가요?

둘.

　어릴 적 부모로부터 전혀 돌봄을 받지 못하고 자란 아이가 있었습니다. 부모는 이 아이를 돌보아 줄 시간도 여력도 없었습니다. 이 아이는 본능적으로 언제나 중요하고 본질적인 것이 늘 부족하다고 느꼈습니다. 그리고 엄마가 너무나 무서웠습니다. 엄마는 항상 소리를 질러댔고 매질로 강요를 했습니다. 이 아이는 엄마의 눈치를 보면서 자랐고 엄마와 관계를 맺기가 점점 어려웠습니다. 엄마 옆에 가기도 무서웠고 불안했습니다. 이 아이가 성장하면서 굳은 신념을 갖게 되었습니다. "아이에게 너무 그렇게 나무라면 안돼" 결국 이 여성은 자녀들에게 훈계나 교육을 시킬 수 없었습니다. 과거에 받은 학대는 굳은 신념을 만들어 냈고 자녀를 보면서 점점 무능한 엄마가 되어가고 있었습니다.

　이 아이는 엄마로부터 무섭게 야단을 맞으면서 욕망, 감정, 생각, 욕구들이 수치심을 느끼게 되었고 결국 심리적 혼돈을 경험하였습니다. 그리고 생존을 위한 신념을 개발하게 되었던 것입니다. 그러나 이 아이는 내면에 진정 무슨 일이 일어났는지를 알 수 없었습니다. 그저 만들어지고 형성되었기 때문입니다. 이 여성에게 거듭남은 무엇인가요?

셋.

어려서 막내로 자란 여성분이 있었습니다. 그녀는 늦둥이 막내로 자랐기 때문에 형제들에게 놀림을 받으며 자랐습니다. 형제들과 나이차가 많이 났기 때문에 형제들은 대적할 수 없는 무서운 존재였으며 그로인해 무기력한 존재라는 생각에 수치심을 갖게 되었습니다.

형제들은 아이를 놀리곤 했지만 그럴 때마다 아이는 존재가 무시당한다는 생각을 버릴 수 없었습니다. 그리고 그녀는 억울했습니다. 그래서 형제들을 이길 수 있는 방법은 예쁘고 순종적인 어린 아이로 사랑을 받는 것이었습니다. 아이가 점점 성장 하면서 어린 아이라는 가면을 쓰고 살아가는 법을 배웠고 정신적으로는 성장하지 않으려 했습니다. 생각도 아이처럼 하고 말도 아이처럼 하였습니다. 외할머니가 함께 사셨는데 할머니는 스스로 문제를 해결 할 수 있게 놔두지 않았습니다. 그래서 어린아이처럼 아무것도 할 수 없는 무기력한 존재로 성장했습니다. 아이는 그것이 화가 났지만 어린아이처럼 굴어야 사랑이라도 받을 수 있으니까 자신의 의지를 꺾은 채 순종하며 살아야 했습니다. 사춘기 시기에도 나는 어린 아이여야 사랑 받을 수 있다고 느꼈기 때문에 반항이라는 것은 해 본 적도 없고 다른 사춘기 청소년들처럼 연예인이나 선생님을 짝사랑하고 고민해 보지도 못했습니다. 어린 아이라는 가면을 벗으면 가족들이나 사람들에게 사랑을 받을 수 없고 버려질 것 같은 두려움을 느꼈던 것입니다.

결국 사랑 받기 위해서는 어린아이가 되어야 한다는 신념을 갖고 있었기 때문에 현재는 자신도 모르게 대인 관계에서 친밀해지거나 의존할 대상이 된다고 생각되면 사랑 받고 싶어서 아이처럼 사랑을 독차지하려 상대에게 집착하고 목소리도 아이처럼 내고 상대에게 무조건 순종적인 행동을 합니다. 그러나 정작 자신은 무기력한 존재라는 생각에 수치심이 들고 화가 나고 상대를 미워하게 됩니다. 자신보다 나이 많은 사람들과 만나면 무의식적으로 착한 어린아이가 되어 상대방의 말에 순종하고는 돌아서서 무시당한 느낌이 들어 화가나 관계를 끊어 버리곤 합니다. 이 분에게 거듭남은 무엇입니까?

물로써 죄와 허물 또는 상처를 씻어냅니다

비가 사정없이 쏟아질 때는 그동안의 먼지와 공해가 씻겨나가는 것을 보게 됩니다. 그래서 비가 오고 난 후의 맑게 개인 하늘과 땅을 보게 됩니다. 물은 하나의 씻김을 상징합니다. 세례요한이 물로 세례를 베풀 때의 의미는 죄의 씻김을 의미했습니다. 물세례는 회개의 상징이고 지금까지 살아온 자신이 죽고 새로 태어난다는 것을 의미합니다. 그러면 물로 씻는 것은 어떻게 무엇을 씻는 것입니까?

그것은 우리의 죄와 욕심 그리고 상처를 해결한다는 것을 의미합니다.

> **함께 나누기**
>
> ◆ 어린 시절 버려진 상처를 드러내세요. 어린 시절 기억나는 상처에 대해 기록하시고 그 상처가 오늘 현재까지 나에게 어떠한 영향력을 행사하는 지를 기록해 보세요.

◆ 어린 시절 버림받은 상처에 대해 애도하며 슬퍼하세요.

◆ 어린시절의 상처를 해결하지 않으면 무의식적이고 반복적으로 다른 사람에게 상처를 입히게 됩니다. 그런 일이 반복되는 경험을 했다면 고백을 하세요.

성령은 바람처럼

성령이 당신 안에 바람처럼 불어온다는 것을 기억하십시오. 성령은 바람처럼 자유롭습니다. 바람은 성령을 의미합니다. 바람은 어디든 갈 수 있고 세상 끝까지 갈 수 있습니다. 바람은 우리 마음 속에 불어와 우리에게 만물의 목적과 의미를 알게 해 주는 것과 같다고 볼 수 있습니다. 우리에게 목표를 알게 해주고 의미를 깨닫게 해주고 갈 길을 보여 줍니다. 바람이 불면 나무나 풀이 흔들리듯이 증거가 보입니다. 성장과 변화는 당신 스스로 하는 것이 아닙니다. 당신 자아보다 훨씬 위대한 존재이신 하나님으로부터 깊은 통찰력과 의미와 깨달음이 오는 것입니다. 지혜의 영이신 하나님은 그것을 알게 해주십니다. 그러므로 하나님이 내안에 계시다는 것을 확신하면 당신은 될 수 있는 한 당신 자신이 깨달은 부분을 고백해야 합니다. 그림을 그리거나 운동을 해도 좋습니다. 말을 해도 좋습니다. 하나님은 당신

안에서 깊은 의미가 표현되기를 원하십니다.

예수님이 베드로의 깨달음을 기뻐하시고 축복하셨습니다. "바요나 시몬아 네가 복이 있도다 이를 네게 알게 한 이는 혈육이 아니요 하늘에 계신 내 아버지시니라 또 내가 네게 이르노니 너는 베드로라 내가 이 반석 위에 내 교회를 세우리니 음부의 권세가 이기지 못하리라 내가 천국 열쇠를 네게 주리니 내가 땅에서 무엇이든지 매면 하늘에서도 매일 것이요 내가 땅에서 무엇이든지 풀면 하늘에서도 풀리리라"

예수님께서 베드로를 축복하시는 부분은 그가 깨달은 영적 통찰이었기 때문입니다. 이 깨달음은 하나님이 주시는 것이라고 말씀하십니다. "네 안에 있는 하나님이 너를 구원할 것입니다."

함께 나누기

◆ 당신에게 하나님이 주시는 통찰력을 경험한 적이 있었습니까?

◆ 바람이 부는 방향과 목적을 알 수 없는 것처럼 성령의 사역도 이와 같습니다. 성령이 이끄는 대로 우리는 따라가야 할 것입니다. 당신에게 성령의 사역은 무엇입니까?

니고데모는 "어찌하여 이런 일이 있을 수 있습니까?" 라고 묻자 예수님은 바람에 대한 이야기를 하셨습니다. 그리이스 말로 성령과 바람이라는 말은 동의어로 사용합니다. 성령과 바람이 임으로 부는 것과 같은 이치라고 말합니다. 바람이 조용하게 불어와서 나무가 흔들리고 소리가 들리듯이 성령이 오시면 마음의 변화가 온다는 것을 의미하는 것입니다. 이것은 하나님의 영이 활동하는 것을 의미합니다.

바람 부는 것은 하나의 터치입니다. 바람이 보이지 않습니다. 그러나 바람이 불면 그 바람을 느낄 수 있습니다. 바람이 세게 혹은 약하게 불어오는지를 알 수 있습니다. 바람은 보이지 않으나 느낄 수 있다는 말입니다.

그것은 인간이 손을 놓고 아무 것도 안한다는 말은 아닐 것입니다. 바람이 불어서 내 마음에 느낌을 알게 되듯이 내가 하나의 알게 되는 깨달음을 가져다준다고 봅니다. 물론 성령은 하늘로부터 임하는 것입니다. 그러나 인간 편에서 성령이 임하면 그 의미와 깨달음을 얻게 되는 것을 느낄 것입니다.

함께 나누기

◆ 당신에게 하나님의 말씀을 들을 때 혹은 기도 중이나 세미나를 참석하면서 진리를 깊이 깨닫고 인생의 목표를 정했던 적이 있었습니까? 그것은 성령이 내 안에서 바람처럼 임했던 순간입니다.

◆ 한사람의 인생을 성령께서 바람처럼 인도하신 경우를 보셨습니까?

◆ 당신은 성령의 인도함을 받습니까? 아니면 성령의 뜻에 반대되는 삶을 사십니까?

◆ 오순절 마가의 다락방에 모인 사람들은 홀연히 급하고 강한 바람 같은 성령의 소리를 듣고 불의 혀같이 갈라지는 것을 보았습니다. 그리고 그들은 성령의 충만함을 받았습니다. 이런 증거와 기적을 경험했습니까? 아니면 다른 종류의 성령의 체험을 하셨습니까?

☞ 신약성서에서 "영"으로 번역되는 "프뉴마"의 용어는 대체로 영적 존재를 의미하며, 성령(Holy Spirit)이나 악령(evil ghost) 모두를 포함합니다. 그런가하면 "프뉴마"는 비물질적이며 심리적인 상태와 가끔 내적인 존재 즉 영적 중심을 나타냅니다. (막 2:8; 행 17:16; 롬 1:4; 고전 2:11;5:5 골2:5). "프뉴마"는 초월적인 존재와 인간 사이의 중보의 역할을 하고 있습니다.

☞ 글로첼(Groeschel)은 다음과 같이 영적발달을 말했습니다.

신비체험

거듭남은 신비 체험에서 시작됩니다. 거듭난 사람은 삶 속에서 평범한 부분에 대해 감격합니다. 산과 들과 바다를 보면서 하나님의 창조의 섭리와 은혜에 감격하며 일상생활 속에서 어려운 일을 당했을 때에도 하나님의 택하심과 섭리 아래 힘을 얻고 기도합니다. 신비경험을 통해서 자각을 얻고 하나님 앞에서 삶의 소명의식을 가지고 더욱더 영성을 개발시켜 나아갑니다.

정화 단계

영적 체험의 반복을 통해서 자연스럽게 자신을 정화시켜 나아갑니다. 과거의 상처가 치유되면서 마음속에 새로운 생명력을 자기고 살아가게 됩니다. 그러나 이 단계에서 사도바울이 고민하고 갈등했던 것을 경험하게 됩니다(롬7:1-25). 믿음과 현실의 갈등 속에서 이기적인 모습과 자기 중심적 사고와 방종, 책임 회피, 불의, 자기 합리화와 같은 성향을 띠기도 합니다. 영적인 삶을 포기하고 옛 생활로 돌아갈려는 마음이 남아 있습니다. 따라서 적극적이고 지속인 배려가 필요합니다. 정화 단계에서의 위기를 잘 극복하면 영성 성숙에 큰 전환점이 됩니다.

계몽 단계

이 시기에는 초월의 하나님을 자신과의 깊은 관계를 맺고 있는 분으로 믿고 행동하는 단계로 성령의 임하심을 실생활 속에서 체험하게 됩니다. 실생활 속에서 하나님의 은혜를 확신하면서 매사를 비판과 불평이 아니라 하나님의 뜻 안에서 수용하려는 태도를 갖게 됩니다. 교회생활과 천국생활을 일치시키며, 성경의 나타난 인물들의 삶을 본받기 위해 애쓰게 됩니다. 건강하고 건전한 자아의 형성과 매사에 긍정적인 믿음의 사고로 성도로서 그리스도의 십자가의 고난에도 기쁨으로 동참하게 됩니다. 그런가하면, 하나님 앞에서 자신을 더 깊이 통찰하면서 자신의 죄악과 부족함을 더 자세히 보게 되며, 이로 인하여 하나님의 은혜를 의지하며 성숙되는 동기부여가 됩니다.

연합 단계

이 단계는 일상생활 속에서 다가오는 여러 가지의 시험과 고통 속에서도 하나님의 성령에 도우심으로 자유롭게 행동하며, 심리적 갈등도 하지 않고 그리스도 안에서 믿음으로 잘 대처하게 되는 단계입니다. 다시 말해서 이 시기는 삼위일체 하나님과 연합하는 단계로 자유와 해방을 맛보는 단계로 로마서 8장이 그 좋은 예입니다.

함께 나누기
◆ 나는 어느 단계에 이르렀습니까?

제10과

거듭남, 영적인 삶의 시작

거듭난다는 것은 옛 자아가 무너지고 하나님의 나라에 맞는 새로운 자아가 형성되는 것입니다. 새 자아가 들어서면서 하나님 나라에 타당한 삶의 목적과 의미를 갖게 됩니다. 베드로는 예수님을 만나기 전에는 한낱 어부에 지나지 않았습니다. 그는 매일 매일 고기를 잡는 일을 천직으로 여기고 고기 잡는 일에만 온통 관심을 기울였습니다. 아무도 그의 일생을 눈여겨보지 않았던 평범한 사람 중의 하나였습니다. 그런 그에게 어느 날 그물을 씻고 있는 중에 예수님이 찾아오신 것입니다. 베드로와 선생 예수님의 만남은 이렇게 시작되었습니다. 그 후 베드로는 예수님을 따라 다니면서 많은 것을 배우기 시작했습니다. 어느 순간인지 모르나 그의 마음속에 하나님의 나라가 들어오게 된 것입니다.

하나님의 나라가 들어온 그의 마음은 고기 잡던 삶의 습성과 방식이 무너지고 새로운 삶의 방식이 들어오게 된 것입니다. 그는 날로 새로워지면서 그의 마음속에 심겨진 하나님의 나라는 겨자씨의 생명력처럼 성장하고 확장되기 시작하였습니다. 베드로는 영역이 넓어지고 세계관이 형성되고 영혼이 순수해지면서 결국에는 교회의 초석이 되기에 이르렀습니다. 그는 하나님의 나라의 특징인 성장과 성숙을 경험했습니다.

부활 후 어느 날 예수님은 베드로를 재차 찾아오셨습니다. 그리고 음식을 같이 먹으면서 그에게 사명을 주셨습니다. 내 양을 먹이라는 말을 남기시고는 예수님은 베드로 곁을 떠나셨습니다.

이때부터 베드로는 선생님의 가르침을 받은 대로 하나님 나라를 사람들의 마음속에 심어주는 일을 더욱 열심히 기울였습니다.

오순절 마가의 다락방에서 성령이 충만하면서 더욱 기도하는 일부터 시작하여 설교하고 가르치면서 그가 순교하기까지 쉬지 않고 하나님 나라를 전하는 일을 끊임없이 하였던 것입니다.

베드로의 3년 예수님과 생활에서 그는 하나님의 나라를 경험했습니다. 3년 동안의 생활에서 그는 어떤 과정을 거쳐 그런 하나님의 나라에 걸맞는 사람이 된 걸까요? 그의 예수님과 겪었던 실험정신을 다음과정을 통해 찾아보고자 합니다.

절정경험

베드로, 요한, 야고보는 어느 날 예수님과 함께

밤늦게 산에 올라갔습니다. 산상기도를 하기 위해서였습니다. 칠흑 같이 어두운 밤 가시밭과 산허리를 지나서 힘들게 산을 올라갔습니다. 배고픔과 추위가 있었지만 선생님이 인도하심 아래 따라 나선 것입니다.

높은 산에 올라가셨더니 저희 앞에서 변형되사 그 얼굴이 해같이 빛나며 옷이 빛과 같이 희어졌더라.(마 17:1 -2)

그들은 무릎을 꿇고 기도를 시작하였습니다. 예수님은 조금 떨어진 곳에서 기도를 하고 있었습니다. 제자들은 피곤하였으며 기도보다는 편히 쉬고 싶은 마음이 더했습니다.

그들은 졸면서 기도에 집중하지 못했습니다. 그러던 순간이었습니다. 예수님의 얼굴에 광채가 났으며, 예수님의 옷이 희게 변하게 된 광경을 목격합니다. 그리고 좌우에 모세와 엘리야가 에수님과 대화하는 장면을 목격한 것입니다. 참으로 신비로운 광경입니다. 곧 이어서 하늘에서 소리가 들리기 시작하였습니다. "이는 내 사랑하는 아들이고 내가 선택한 자이니 너는 저희 말을 들으라." 제자들은 어안이 벙벙하였습니다. 너무나 놀라서 감히 입을 여는 자가 없을 정도였습니다.

이 장면은 제자들이 본 신비 중의 신비였습니다.

심리학자 매슬로우는 절정경험을 이야기하면서 "이것은 인간의 최상의 순간들, 삶에 있어서 가장 행복한 순간들. 신비와 환희를 경험하는 놀라운 순간적인 체험이요, 공간과 시간의 2차원의 객관적 세상의 평범함을 초월하는 귀중한 순간이다"라고 했습니다. 그는 고도의 전인건강을 성취한 사람들은 이러한 경험을 더 많이 가진 사람들이거나 이런 경험이 일어났을 때 더 분명히 깨닫는 사람들이라고 말합니다. 하나님을 만나는 신비체험은 인생을 더 풍성하게 합니다. 절정경험은 옛 자아가 부숴지고 당신을 치유하는 하나님의 사랑을 흘러들어 오게 만듭니다.

◆ 당신이 경험한 가장 의미 있는 신비로운 경험을 소개해 주십시오.

☞ 그 기억을 재생하고 바로 지금 여기에서 그 경험이 생생하게 느껴지도록 해보십시오. 그 경험이 당신에게 주는 에너지와 환희를 즐거워하고 그것이 당신의 몸과 마음과 영적인 센터에 골고루 퍼지도록 시도합니다. 이제 당신 안에 들어있는 절정경험들이 당신의 내면을 더 풍성히 할 수 있다는 사실을 깨달으십시오. 영적인 재충전이 필요하다고 느낄 때마다 그런 보화들을 활용하는 계획표를 만들기를 권고합니다.

기도

아무것도 염려하지 말고 오직 모든 일에 기도와 간구로 너희 구할 것을 감사함으로 하나님께 아뢰라(빌 4:6)

베드로는 예수님으로부터 기도를 배웠습니다. 예수님 자신도 언제나 한적한 곳을 만나면 기도하기를 게을리 하지 않으셨습니다. 예수님은 말씀하십니다. "기도 외에는 이런 유가 나갈 수가 없다." "구하라 그러면 주실 것이요, 찾으라 그러면 찾을 것이요, 문을 두드리라 그러면 열릴 것이다." 기도는 자신의 고통과 아픔, 소원을 하나님

◆ 당신은 어떤 방식으로 기도를 하고 있습니까?

◆ 당신의 기도 제목은 무엇입니까?

께 말하는 것입니다. 기도하면서 하나님 나라에 맞는 인격으로 성장하는 것입니다. 예수께서는 언제나 기도하라고 하셨고 그리하면 얻게 될 것이라고 말씀했습니다. 성경은 기도를 통해서 하나님의 나라를 얻게 되고 거듭남의 최고의 방법으로 추천하고 있는 것입니다.

독서

성공적인 신앙인의 삶을 살아가는 사람들의 특징을 보면 책을 가까이 하는 분들이었다는 것입니다. 우리는 책을 통해서 많은 통찰과 깨달음을 얻게 됩니다. 많은 사람들이 책 속에서 다양한 지식을 얻습니다. 책은 마음의 보고와 같습니다. 당신이 단지 책을 읽는다고 해서 거듭남을 얻는 것은 아닙니다. 책을 통해 마음에 깊은 통찰과 깨달음을 얻어야 하는 것입니다. 천국의 속성은 깨달음이라고 했습니다.

◆ 자녀들에게 읽을만한 신앙서적을 추천하신다면 어떤 서적을 추천하시겠습니까?(예: 천로역정, 그리스도를 본받아)

소그룹

예수님은 제자들을 12명의 소그룹으로 만들었습니다. 소그룹은 역동적이며 사람들을 변화시키는데 대단한 효과가 있습니다. 소그룹의 장점은 정서적인 동질감을 얻는데 있습니다. 소그룹은 슬픔을 만나는 자를 위로해주고 격려해주며 지지해 주는데 탁월합니다. 소그룹을 통해서 자신을 인정하고 받아주는 분들의 힘을 얻을 수 있는 것입니다. 교회에서 따뜻한 인간관계와 애정을 느끼면 일체감을 느끼지만 애정과 관심을 받지 못한다고 여기면 교회 활동에 비협조적이 되는 것입니다.

◆ 진정한 만남을 위한 소그룹을 통해 자신을 회복하고 지지관계를 형성하는 작업을 진행하거나 참여해 보십시오. 참만남 그룹을 만든다면 누구의 명단을 넣을 수 있습니까?

개인적인 참 만남

예수님은 언제나 일대일의 개인 만남을 통해 상담을 하셨습니다. 수가성 여인, 베데스다의 환자, 문둥병 걸린 자 등 이들은 언제나 개인적으로 예수님을 만났던 것입니다. 그들은 예수님을 만나서 믿음을 갖게 되었고 질병이 치유 받게 되었습니다.

신학자 마틴 부버는 실제 치유를 가져오는 것은 치료자와 내담자 두 사람과의 관계라고 말했습니다. 사람사이의 연결감이 이루어지면 변화가 오는 것입니다. 개인 상담을 통해서 자신의 방어벽을 깨뜨리고 새로운 연결고리를 형성하게 되는 것입니다.

◆ 당신에게 일대일로 만나고 싶은 분이 있습니까?

◆ 그 분과 무슨 주제를 가지고 대화하기를 원하십니까?

직면하기

저희가 이 말을 듣고 마음에 찔려 베드로와 다른 사도들에게 물어 가로되 형제들아 우리가 어찌할꼬 하거늘(행2:37)

　　베드로는 예수님을 배반한 후 예수님께 죄의식과 죄송한 마음을 가지고 있었습니다. 그는 갈릴리 바닷가에서 고기를 잡고 있었습니다. 그런데 예수님의 음성을 듣게 된 것입니다. 그는 배에서 옷을 벗고 있다가 급한 마음에 옷을 입고 바다로 뛰어들어 예수님을 만났습니다. 베드로의 마음이 착잡하고 견딜 수 없었습니다. 이런 베드로에게 예수님은 말을 건넵니다. "시몬아, 네가 나를 사랑하느냐?" 이 말 속에는 베드로 자신을 보게 하는 예수님의 직면하기가 담겨 있습니다. 직면은 자신의 현실과 패턴을 보게 합니다. 직면을 통해서 자기가 하는 일에 대해 새로운 눈이 열리게 되는 것입니다.

함께 나누기

◆ 베드로는 배신행위보다 예수님을 사랑하는 자신의 내면을 보게 되었습니다. 예수님이 당신에게 뭐라고 물을 것 같습니까? 그 때 당신은 뭐라고 대답하시겠습니까?

삶의 경험

베드로는 예수님을 만나면서 수많은 일을 겪습니다. 몰려오는 사람들로부터 예수님을 적대시하는 사람들까지 각양각색의 사람들을 만나면서 그는 수많은 경험을 하게 됩니다. 사람들은 삶의 경험을 통해 자신이 고수해왔던 신화와 삶의 방식을 무너뜨리기 시작합니다. 삶의 경험은 다양합니다. 부도, 질병, 실패, 절망, 이혼, 오래된 친구의 죽음, 부모의 죽음, 실직 등을 겪으면서 한계를 느끼게 됩니다. 때로 병을 앓거나 교통사고, 그저 일상이 지루해지는 것도 포함합니다.

함께 나누기

◆ 당신에게 생각이 무너지게 된 삶의 경험은 무엇입니까?

회심

신앙인에게 회심은 하나님과 개인적으로 만나 삶의 목적과 방향을 바꾸는 것을 의미합니다. 예수님은 "회개하라 천국이 가까웠느니라"고 하셨습니다. 회개는 방향을 돌이키는 것 즉 바꾸는 것을 말합니다. 어거스틴은 정원에서 이렇게 말하는 소리를 들었습니다. "성경을 들고 읽어라. 성경을 들고 읽어라" 그는 성경을 들어 읽었고 그의 타락한 삶에서 거룩한 삶으로 바뀌게 되었습니다.

회개하고 돌아서 너희
죄없이 함을 받으라 이
같이 하면 유쾌하게 되
는 날이 주 앞으로부터
이를 것이요[행 3:19]

◆ 당신은 회개한 경험이 있습니까? 구체적으로 말해 보세요.

자연의 신비경험

들의 백합화가 어떻게
자라는가 생각하여 보아
라마 (6:28)

예수님은 들의 백합화 하나를 보시면서 그 아름다움을 말씀하셨습니다. 우리는 대 자연의 아름다움과 신비를 보고 큰 깨달음을 얻게 되는 경우도 있습니다. 웅장한 대자연을 보고 인간이 얼마나 약한가 하는 것과 하나님의 위대하심을 통해 오묘한 깨달음을 얻기도 합니다.

관계의 위기

한때 베드로에게 위기가 왔었습니다. 그는 예수님을 부인하였으며 그로인한 심한 죄책감에 시달렸습니다. 그러나 그는 그것을 계기로 예수님의 사랑을 확인하였고, 다시 사명을 부여받게 됩니다.

관계의 위기는 자신을 돌아보는 계기가 되기도

합니다. 관계 속에서 겪게 되는 갈등을 통해서 자기를 돌아보게 됩니다.

◆ 부부, 부모-자녀 관계의 위기를 경험한 적이 있었습니까? 당신은 어떻게 행동 했습니까?

제11과

영혼의 구원

영혼이란

오늘날 영혼이란 용어는 잘 쓰지 않는 용어입니다. 현대인들에게 영혼은 관심의 대상이 아닙니다. 단지 영혼은 교회에서 구원을 말할 때 쓰는 용어에 지나지 않습니다. 물질과 합리주의 사고가 지배하는 세상에서 영혼은 더 이상 중요한 일이 아니라고 여깁니다. 영혼이 도대체 무엇을 말하는 것입니까? 한마디로 영혼에 대해 정의하면 할수록 영혼은 더 파악할 수 없는 존재가 됩니다. 사실 영혼은 대단히 주관적입니다. 그러나 보이지 않는 영혼은 인간의 중심에 자리 잡고 있으며 인간을 이끌고 가는 거대한 힘입니다. 성경에는 영혼이 없는 몸은 죽은 것이라고 말씀하고 있습니다.(약2:26) 그리고 영혼을 구원하라고 말씀하고 있습니다. "능히 너희 영혼을 구원할 바 마음에 심긴 도를 온유함으로 받으라."(약1:21) 또한 영혼은 믿음으로 구원을 얻는다고 말씀합니다. "오직 영혼을 구원함에 이르는 믿음을 가진 자니라."(히10:39)

영혼을 잃어버린다는 것은 인간에게 곧 파멸을 의미하는 것이기도 합니다. 오늘 현대인들은 영혼을 잃어버릴 수밖에 현실 속에 살아가고 있습니다. 경제에 온통 정신을 빼앗겨 버렸습니다. 아침부터 저녁까지 경제만을 위해 살고 그 생각으로 가득차 있습니다. 경제가 불안하면 모든 것이 흔들려 버립니다. 마치 어린 아이가 젖을 줄 때까지 지쳐 우는 것처럼 돈 외에는 다른 것이 오기 전까지는 아무 것도 만족하지 못하는 상태에 이르렀습니다. 성경에는 영혼이 지옥에 간다고 말씀하고 있습니다. "몸은 죽여도 영혼은 능히 죽이지 못하는 자들을 두려워하지 말고 오직 몸과 영혼을 능히 지옥에 멸하시는 자를 두려워하라."(마10:28) 영혼을 통해 우리 자신과의 긴밀한 연결이 되어 있지 않으면, 우리는 키 없는 배와 같거나 뿌리 뽑힌 나무와 같습니다. 그런 사람은 병이 들거나, 성격이 잔인해지거나, 절망에 빠지거나 술이나 마약 같은 대용물을 찾기도 합니다.

구원받은 영혼

거듭남의 결과를 과연 어떤 상태를 말하는 것입니까? 성경에는 믿음의 결과는 영혼의 구원을 말씀하고 있습니다. "믿음의 결국 곧 영혼의 구원을 받음이라."(벧전1:9) 영혼의 구원을 받은 어느 사람은 구원받은 감격을 다음과 같이 고백하였습니다.

하나님이 나를 엄청나게 사랑하신다는 확신이 들었다. 그 사랑에 감격했다. 나의 죄를 용서하시고 하나님의 자녀로 만드셨다는 사실이 그저 놀라울 뿐이다. 주변이 환해지고 자연과 세계가 조화롭게 어울려 있다. 나는 세상의 중심에 서있는 듯한 느낌에 빠져 들었다. 별과 태양, 달과 나무 하나하나가 아름답게 보인다. 주변 사람들이 사랑스럽게 보였다. 그들에게 사랑한다고 말하고 싶다. 나는 완전히 기쁨과 감사와 사랑이 가득한 상태이다. 이 시간에는 그 무엇도 나를 속박하거나 억압하지 못한다. 진정 자유로움을 맛보고 있다."

이와 같은 상태를 구원받은 영혼의 감격이라고 말합니다. 구원받은 영혼은 영혼과 삶이 일치하는 경험을 합니다. 이는 믿음과 행실이 일치되는 것과 같은 이치라고 여겨집니다. "영혼 없는 몸이 죽은 것 같이 행함이 없는 믿음은 죽은 것이니라."(약2:26) 이를 설명한다면 마치 운동선수가 피겨스케이트를 타면서 음악소리에 맞추어 춤을 추는데 음악과 자신이 하나가 되는 경험을 하는 것과 같습니다. 바이올린 연주자가 음악과 자신의 연주가 하나되는 경험을 하는 상태를 하는 것과 동일합니다. 이는 영혼과 행함이 하나 된다고 할 수 있습니다. 이는 마치 우리가 내면과 외적 활동 즉 영혼과 행위와 일치되어 하나가 되는 상태를 의미한다고 말할 수 있겠습니다. 우리는 우리의 영혼과 일치되는 가정생활, 부부생활, 직장생활, 대인관계를 이루어야 합니다. 이는 곧 내면에 하나님이 나라를 이루어진 영혼의 상태를 말합니다.

영혼의 구원은 위로부터 오는 것이며 보이지 않게 바람처럼 임하는 것입니다. 바람처럼 조용하게 혹은 돌풍처럼 영혼의 변화를 이루게 됩니다.

☞심리학자 융은 현대인들의 정신의 질병은 영혼을 잃어버릴 때 찾아온다고 말하고 있습니다. 융의 이런 영혼의 재발견은 오늘 우리에게는 희망을 던져주는 한줄기 빛이 되었습니다.

구원받은 영혼의 삶

평범한 것을 향한 관심

우리가 구원받은 영혼의 삶을 살 때 평범한 삶에 대해 감사하고 기뻐하는 마음을 갖게 됩니다. 모든 것이 존재자체로 가치가 있는 것입니다. 구원받은 영혼의 삶은 하나님의 창조하신 우주만물에 대한 신비로움을 느끼는 삶을 말합니다. 매순간을 소중하게 여깁니다. "오직 사랑 안에서 참된 것을 하여 범사에 그에게까지 자랄지라."(엡4:15) 철학자인 작크 마리땡은 "존재란 무의미와 싸워 이길 수 있는 추진력이다"라고 하였습니다. 평범한 것에 관심을 갖는 것은 경이로움을 느끼는 어린이의 품성과 같습니다. 아이는 모든 삶을 특별하고 경이롭게 여깁니다. 아이에게는 날마다 매순간 의미가 있는 것입니다.

◆ 현실의 지겨움에서 도피하기 위해 경건생활을 하는 사람들이 있습니다. 당신은 평범한 삶 속에서 의미와 가치를 느끼고 계십니까? 만약 그렇지 않다면 그 이유는 무엇 때문이라고 생각하십니까?

◆ '귀찮이즘'이란 무엇을 말합니까? 아는 대로 말해 보세요.

◆ 위와 같은 질문에서 무엇 때문에 그런 현상이 생기는 것일까요?

티와 들보 이해하기

우리가 현실을 있는 그대로 수용할 때 우리는 사물을 있는 그대로 받아들이게 됩니다. 현실에는 양 극단 모두 존재합니다. 침묵 없는 소리는 존재하지 않으며 어둠 없이 빛은 있을 수 없습니다. 죽음 없는 생명은 없으며 결점이 없는 인간도 없습니다. 모든 인간은 가능성을 갖고 있습니다.

예수님은 인간 내면의 어두운 면을 다음과 같이 말씀하셨습니다. "어찌하여 형제의 눈 속에 있는 티는 보고 네 눈 속에 있는 들보는 깨닫지 못하느냐 보라 네 눈 속에 들보가 있는데 어찌하여 형제에게 말하기를 나로 네 눈 속에 있는 티를 빼게 하라 하겠느냐 외식하는 자여 먼저 네 눈 속에서 들보를 빼어라 그 후에야 밝히 보고 형제의 눈 속에서 티를 빼리라." (마7:3-5)

나의 마음속에 들보가 있음을 모두 수용할 때 다른 사람을 비판하지 않게 됩니다. 동전의 앞뒷면 모두 가치 있는 것입니다. 우리가 동전의 한 면만을 확대할 때 비판적이 됩니다. 자신의 내면을 인식할 때 경직과 절대성에 빠지지 않게 됩니다. 우리 자신이나 타인에 대해 두가지면 모두 소유하고 있다는 것을 의식할 필요가 있습니다. 예수님은 이 부분을 들보라고 표현하셨습니다.

클레멘트 교부는 말했습니다. "사람이 자기 자신을 알 때 그는 하나님을 알게 된다."

함께 나누기

◆ '왠지 모르게 공연히 싫은 사람, 이유 없이, 비위를 거스리는 동료, 사람이 덜 되었어, 간사해, 여우같아, 게을러, 사이코야, 노랭이, 속물, 까탈스러워 등 감정 섞인 투로 다른 사람을 비판할 때가 있었습니까? 누구에게 그런 비판을 했는지 찾아 봅시다.

◆ 위의 말을 했을 때 '반면에 나는 어떻다는 것'을 말하는 것인가요? 즉 '나의 들보'는 무엇이라고 생각됩니까?

☞ 융은 모든 사람이 갖고 있는 정반대 면을 '그림자'라고 불렀습니다. 그림자를 인식하는 것은 영혼의 작업에 중요합니다. 종종 우리안의 그림자가 가장 풍성하고 심오한 우리 자신의 일부가 되기 때문입니다. 그러나 거룩한 분노는 그림자의 투사와 구분해야 합니다. 거룩한 분노는 개인적인 비판을 거두고 영혼과 일치된 관점에서 세상를 볼 때 나오는 것입니다. 이것은 자기인식을 통해서 이뤄집니다. 남을 단죄하기 전에 자기의 잘못을 먼저 반성할 줄 아는 사람만이 거룩한 분노를 갖는 사람인 것입니다. 그러므로 우리마음의 반쪽 그림자가 무엇인지 아는 것이 중요합니다.

현재를 사는 것

현재-여기를 충실히 사는 것은 영성의 중요한 지표가 됩니다. 우리가 현재를 살 때 현실을 왜곡하지 않게 됩니다. 즉 자기 앞에 놓인 것을 보게 되며 머릿속으로 편견을 만들지 않고 다른 사람이 말하는 것을 있는 그대로 듣게 됩니다. 예수님께서 내일만 생각하고 현재를 잃어버리면서 재산을 쌓아두는 부자에 대해서 오늘의 소중함을 일깨워 주십니다. "한 부자가 그 밭에 소출이 풍성하매 심중에 생각하여 가로되 내가 곡식 쌓아 둘 곳이 없으니 어찌할꼬 하고 또 가로되 내가 이렇게 하리라 내 곡간을 헐고 더 크게 짓고 내 모든 곡식과 물건을 거기 쌓아 두리라 또 내가 내 영혼에게 이르되 영혼아 여러 해 쓸 물건을 많이 쌓아 두었으니 평안히 쉬고 먹고 마시고 즐거워하자 하리라 하되 하나님은 이르시되 어리석은 자여 오늘 밤에 네 영혼을 도로 찾으리니 그러면 네 예비한 것이 뉘 것이 되겠느냐 하셨으니.(눅12:16-20) 영혼의 삶은 과거의 삶을 재연하거나 그에 과도하게 반응하는 것이라기보다 현재를 충실히 사는 것입니다.

◆ 현재 아름다움에 넋을 잃은 순간, 사랑하는 사람과 포옹할 때와 같이 현재 이순간, 시간과 무관한 한 현재만이 존재하는 그런 경험을 해보신 적이 있습니까?

◆ 당신은 현재 순간에 몰입해 있기 때문에 시간이 정지된 것처럼 느낄 때가 있습니까? 그때의 기분과 느낌이 어떻습니까?

☞ 어거스틴은 "영원을 보면서 지나가 과거와 다가올 시간을 입에 담을 자 누구란 말인가?" 라고 말했습니다. 현대인들은 시간을 나누기를 좋아합니다. 시, 분, 초, 1/100초 동안에 누가 더 빨리 들어 왔는지를 계산을 합니다. 그러나 사실 시간은 쪼갤 수도 나눌 수도 없습니다. 인간은 영원을 그런 일직선상의 흐르는 시간으로 계산하려고 합니다. 시계가 나오기 전을 상상해 보세요. 시간을 계산할 이유가 없습니다. 세월의 흐름을 아쉬워할 필요도 없습니다. 그러므로 이 현재 순간은 시작이 없기

때문에 끝도 없습니다. "현재는 끝을 가지고 있지 않은 유일한 것이다" 즉 시간이란 존재하지 않은 것입니다. 이것을 영원한 현재라고 말합니다. 무시간의 순간은 현재 경험만큼 지극히 단순합니다.

자유

우리가 구원받은 영혼의 삶을 살 때 하나님의 목적에 맞는 삶을 삽니다. 더 이상 과거에 묶인 존재가 아닙니다. 그래서 고정된 시각에서 벗어나 많은 대안들을 고려하게 됩니다. 자유는 고지식하거나 경직성, 고착성에서 해방되는 것입니다. 현실에 자유롭게 반응하며 주도적인 삶을 살고 현실을 생생하게 사는 것입니다. 성경에는 성령에 속한 사람들에게 자유가 있다고 말씀합니다. "주는 영이시니 주의 영이 계신 곳에는 자유함이 있느니라." (고후3:17)

구원받은 영혼의 사람들은 기뻐하면서 평화의 나라에 도달하는 것입니다. 영혼의 자유와 내적 자유의 체험 그리고 하나님과 일치를 이루는 것입니다.

◆ 방종은 자유가 아닙니다. 방종하는 것을 말로 표현해 보십시오.

◆ 남에게 대접을 받고 싶은대로 먼저 남을 대접하라고 예수님은 말씀하셨습니다. 하나님 나라의 윤리는 자신을 성찰에 근거한 창조성의 윤리로 나아가는 것입니다. 당신은 무엇을 얻기를 원하십니까?

◆ "율법으로는 죄, 악에서 자유롭게 하지 못합니다. 하나님의 나라만이 자유롭게 합니다." 이 말의 의미와 뜻을 토론해 보십시오.

사랑

사랑에는 열정과 헌신 그리고 용기가 포함됩니다. 사랑은 하나의 과정입니다. 사랑은 끊임없이 개발되고 깊어집니다. 또한 사랑은 확장되는 특성이 있습니다. 구원받은 영혼은 정서적인 따스함뿐 아니라 갈등을 해결하는 능력도 갖고 있습니다.

사랑의 순간에는 예기치 않았던 순간이 있으며 배신도 있고 성장을 위한 고통의 시간도 있습니다.

　성경에는 그럼에도 불구하고 사랑하라고 말씀하면서 이는 하나의 계명이라고 말씀하고 있습니다. "새 계명을 너희에게 주노니 서로 사랑하라 내가 너희를 사랑한 것같이 너희도 서로 사랑하라."(요13:34)

함께 나누기

◆ 사랑의 방법으로 자신과 다른 사람을 만족시키기 위해서 나는 무엇을 해야 될까요?

◆ 사랑 안에 존재하기 위한 마음의 상태를 유지하기 위해 금식, 밤샘, 찬양, 전도 등을 실천합니까?

신비의 경험

　신비의 경험이란 말로 표현할 수 없는 순간을 말합니다. 심오하고 신성한 순간을 의미하는 것입니다. 모든 신적 경험에는 두 가지 요소가 있는데 그것은 경외심과 황홀경입니다. 경외심에는 두려움 그리고 황홀경에는 사로잡히는 경험이 수반됩니다. 그런 경험을 하는 사람은 현실에서 경외심을 갖게 되는데 그것을 신비의 경험이라고 말합니다.

베드로와 야고보와 요한은 높은 산에 올라가서 신비한 광경을 목격합니다. 예수께서 변형되어서 얼굴이 해같이 빛나고 옷이 빛과 같이 희어지는 광경을 목격한 것입니다. 그리고 모세와 엘리야가 예수님과 말씀하는 것을 보게 됩니다. 그리고 이런 소리를 듣습니다. "홀연히 빛난 구름이 저희를 덮으며 구름 속에서 소리가 나서 가로되 이는 내 사랑하는 아들이요 내 기뻐하는 자니 너희는 저의 말을 들으라 하는지라."(마17:5)

구원받은 영혼의 삶을 사는 사람들은 언제나 신비의 경험을 하게 됩니다. 모든 인간에게는 신비의 기운이 존재합니다. 어느 인간의 삶도 단순한 형용사 수식으로 간단하게 정의할 수 없습니다. 하나님이 만드신 모든 피조물에는 신성함이 존재합니다. 인생이란 경이로운 것이며 그것이 우리를 더 깊은 세계로 인도합니다.

함께 나누기

◆ 수도자들은 하나님에게 인도받기 위해 노력했으며 그분의 신비를 체험하고자 애를 썼습니다. 나도 그들처럼 이런 노력을 하고 있습니까? 있다면 어떤 노력을 했습니까?

◆ 당신은 하나님께서 지으신 자연세계 속에서 지혜와 신비를 체험하면서 즐거워해 본 적이 있었습니까? 언제 어디서 어떤 장면에서 이런 마음이 드셨습니까?

충만

영적이라는 것은 항상 고도의 정신세계나 열정만은 아닙니다. 아이들은 가장 순수한 형태로 활기 있는 삶을 삽니다. 그들은 생명력과 기쁨 그리고 영성으로 충만하고 자발성과 흥미가 있으며 매 순간 기도하는 삶을 삽니다. 그들의 에너지는 지칠 줄 모릅니다. 충만은 두가지 상반된 감정을 모두 표현합니다. 아이들은 포복절도할 정도로 웃고 바닥을 구르지만 때로는 울기도 합니다. 이런 감정을 순수하게 경험하는 것입니다. 그들은 실컷 운 다음에 다시 웃으면서 즐겁게 뛰어 놉니다.

성경은 기쁨이 충만할 것을 말씀합니다. "내가 이것을 너희에게 이름은 내 기쁨이 너희 안에 있어 너희 기쁨을 충만하게 하려 함이니라."(요15:11) 반면에 애통할 것도 말씀합니다. "애통하는 자는 복이 있나니 저희가 위로를 받을 것임이요."(마5:4) 우리 모두는 원래 지니고 있었던 풍부한 감정을 다시 느낄 필요가 있습니다. 자발성은 즐겁게 노는 것처럼 사람을 활기 있고 풍부하게 합니다. 풍부함은 웃음이나 기쁨에서도 나타난다. 충만한 사람은 유머가 있습니다.

◆ 죽음을 의식하면 내적으로 활기가 올라옵니다. 먼저 죽음을 깊이 의식하십 시오. 인생을 활기있게 살아야할 것이 떠오릅니까?

◆ 당신은 어린아이들이 가지고 잇는 경이로움, 호기심, 즐거움, 자발성, 활력 그리고 실험정신을 가지고 있습니까? 이런 것을 유지하기 위해서 개인의 독 특성이 가치 있게 여겨져야 하는 것입니다. 당신은 그것을 유지하기 위해 어 떤 노력을 하셨습니까?

영성

구원받은 영혼은 우리를 영성으로 인도합니다. 어느 그룹에 참여 한 한 청년은 다음과 같이 고백했습니다. "내가 죽기 전에 단 한 번만 이라도 영혼의 깊은 곳을 진실하게 접촉할 수 있을 만한 친밀한 인간 관계를 꼭 가지고 싶다." 영혼의 친구라고 부를 수 있는 친밀한 인간 관계는 서로의 영성을 위해 헌신하는 깊은 우정 관계나 결혼관계에 서 일어날 수 있습니다.

영성이란 충만한 상태이며 의미가 있는 넉넉한 상태입니다. 영성 이 있는 사람은 넓은 시야로 세상을 봅니다. 즉 넓은 시야로 전체를 볼 수 있는 것입니다. 이런 사람은 사물을 부분만 보는 것이 아니라 전체적으로 봅니다. 하나님이 만드신 피조물에 대해 경외함으로 바라보며 삶에 경외심이 가득합니다. 경외심이란 나뭇잎 하나에서도 하나님과 우주를 보는 능력입니다. 모든 피조물에는 경이로움과 신성함이 존재합니다. 영성이란 각 개인 개인의 인생을 깊은 의미의식을 갖고 소중하게 여기며 전능한 하나님을 향해 경외심을 갖는 것을 말합니다. 그리고 하나님의 임재를 언제나 의식하고 믿는 것입니다. 자신의 생명이 살아있음을 감사하고 하나님을 높이고 찬양합니다. 그리고 영성은 우리를 섬김과 고독으로 인도합니다. 형제들을 위해 기도하고 사랑하는 것은 영성이 있기 때문입니다. 또한 자신과 인생을 사랑할 뿐만 아니라 다른 사람을 사랑하기에 이르게 됩니다. 그래서 남에게 베풀며 받게 되는 진리를 깨닫게 됩니다. 성경은 여기에 대해 말씀합니다. "무엇이든지 남에게 대접을 받고자 하는 대로 너희도 남을 대접하라."(마7:12) 타인의 촛불에 불을 밝혀 준다고 자신의 빛을 잃어버리는 것은 아닙니다. 더 많은 사람들의 인생 촛불에 불이 켜질수록 세상은 더욱 밝아지는 것입니다. 영성이야 말로 인간의 존엄성을 나타내준다는 사실을 깨닫도록 해줍니다.

지극히 인간적이 되는 것은 영적으로 되는 것입니다. 인간은 본래 영적인 존재이지 영적인 존재가 되고자 노력하는 것이 아닙니다. 우리는 인생의 여행을 하면서 살아가고 있는 영적인 존재입니다.

◆ 자신의 영성을 위한 소그룹이나 공동체 및 멘토를 가져본 일이 있습니까?

◆ 우리 앞에 현존하시는 하나님을 깨닫기 위해 끊임없이 깊이 신뢰하는 친구와 대화하는 것과 같은 기도를 드릴 때 그 기도는 힘을 넘치게 하며 치유의 능력을 가진 기도가 될 수 있습니다.

당신은 이런 기도의 영성을 위해 골방 혹은 산, 계곡에서 홀로 기도를 한 적이 있습니까?

☞ 기독교에서 사용하는 영성(spirituality)은 "영(Spirit)"과 관련하여 사용합니다. "영"의 형용사형인 "영적인(spiritual)"이라는 말에서 "영성"이라는 용어가 발생된 것으로 학자들은 보고 있습니다. 웹스터 사전은 "영"을 "몸과 구별되는 인간의 지적 혹은 비물질적인 부분"으로 정의하고 있습니다. 영이 반드시 종교적이며, 초월적인 존재만을 의미하는 것이 아니라 인간의 영은 지적인 활동을 포함한다는 일반적인 이해를 담고 있는 것입니다. 웹스터 사전은 "영적인" 이라는 단어를 역시, 종교적인 사건뿐만 아니라 일반적인 일과도 관련이 되어 사용된다고 설명하고 있어 "영"의 사용 용도가 광범위하다는 사실을 지적하고 있습니다. 따라서 "영성은" 교회나 종교인에 관련되어 사용됨과 동시에 인간 영혼의 삶과 관련된 모든 관심에 적용되고 있는 용어로써 그 개념을 이해해야 합니다.

제12과

하나님 나라를 볼 것이다

하나님의 나라는 최고의 가치이다

하나님의 나라는 보화입니다. 최고의 가치입니다. 이보다 더한 보화는 없습니다. 그래서 이를 얻기 위해 모든 것을 아깝지 않고 다 버릴 수 있는 것입니다. "천국은 마치 밭에 감추인 보화와 같으니 사람이 이를 발견한 후 숨겨 두고 기뻐하여 돌아가서 자기의 소유를 다 팔아 그 밭을 샀느니라 (마13:44)" 보화는 그 자체로 엄청난 가치를 지니고 있기 때문에 모든 소유를 선뜻 포기해 버릴 수 있는 것입니다. 예수님은 우리에게 거듭난 사람들은 지상 최상의 가치인 하나님의 나라에 들어갈 수 있음을 말씀하셨습니다. 거듭나지 못한 사람은 이런 최상의 가치를 보지 못하고 있습니다. 물질에 눈이 어두워 보지 못하는 것입니다. 그러므로 반드시 최상의 가치 즉 하나님의 나라를 얻으려면 모든 것을 다 팔아서 지불해야 하는 것입

니다. 예수님은 하나님 나라의 복음을 전하기 위해 오셨습니다. "예수께서 이르시되 내가 다른 동네에서도 하나님의 나라 복음을 전하여야 하리니 나는 이 일로 보내심을 입었노라(눅4:43) 이 세상에 하나님의 나라보다 더한 가치는 없습니다. 그러므로 하나님의 나라가 이 땅 위에 이뤄지기를 기도하는 것입니다.

하나님 나라는 내면에 있다

하나님의 나라는 내면에 있습니다. 니고데모는 예수님과 대화하면서 하나님 나라에 들어가는 자가 가져야할 것을 배웠습니다. 그것은 다시 태어나는 것인데 과거로부터 벗어나 새로운 삶을 향하여 의식적으로 응답하는 것입니다. 이것은 항상 개인적인 깨달음이며 물과 성령의 임하시는 사건입니다. 그것은 율법을 지켜서 되는 것이 아니라는 사실을 알게 되었던 것입니다.

함께 나누기

◈ 하나님의 나라가 최고의 가치라는 것을 입증할 방법이 무엇이라고 생각하시나요?

하나님께서 그의 나라를 준비하셨다

하나님의 나라는 개인에게 선물로 주신 것입니다. 이것은 환상이 아닙니다. 하나님의 나라는 존재하는 곳이고 실재입니다. 그 하나님의 나라는 위로부터 난 자만이 받을 수 있으며, 성령에 의해서 발견할 수 있습니다. 하나님의 나라를 본 자들은 또한 들어갈 수 있습니다. 그것은 우리가 살아있는 현재 이곳에서 들어갈 수 있습니다. 이 말은 내면에 존재하는 천국을 발견한다는 것입니다.

성경은 말합니다. "하나님 나라는 너희 안에 있느니라(눅17:21)" 하나님의 나라는 우리 내면에 있다(within)는 말입니다.

우리는 니고데모에게 가르치신 하나님의 나라의 의미를 올바로 깨달아야 합니다. 그것은 누구든지 개인이 물과 성령을 경험하면 내면 속에 현존하는 하나님의 나라에 들어갈 수 있는 것입니다.

성경은 이렇게 말합니다. "하나님의 나라는 먹는 것과 마시는 것이 아니요 오직 성령 안에서 의와 평강과 희락이라(롬14:17)" 이러한 영적 실재가 마치 바람이 불어온 것처럼 느껴지게 됩니다.

우리가 자신에게서 천국을 발견하고 분명하게 이해할 때 순수한 영혼의 상태가 되어 새롭고 창조적인 에너지가 생성되고 깨달음이 확장되는 경험을 하게 됩니다.

◆ 당신 마음 속에 하나님의 나라는 어떤 모습인가요?

하나님의 나라는 성장과 성숙이 있다

하나님의 나라에 들어가 있는 개인은 그의 삶에서 성장과 성숙이 이루어집니다. 이는 이미 신앙의 선배들이 경험하였습니다. 그들은 고난과 육신의 질병 그리고 고통 속에서 확산되는 하나님의 나라를 경험했던 것입니다. 하나님의 나라는 지속적으로 퍼지기 시작합니다. 불가능한 것 같이 보이지만 수많은 일들이 벌어져 있는 모습을 보게 되는 것입니다. 겨자씨는 매우 작은 씨입니다. 그러나 그것이 자라면 엄청난 숲을 이루게 됩니다.

◆ 하나님 나라를 부여받고 성장과 성숙을 이룬 사람을 알고 계시나요? 그분은 나와 다른 점이 무엇인가요?

"그 때에 천국은 마치 등을 들고 신랑을 맞으러 나간 열 처녀와 같다 하리니 그 중에 다섯은 미련하고 다섯은 슬기 있는지라 미련한 자들은 등을 가지되 기름을 가지지 아니하고 슬기 있는 자들은 그릇에 기름을 담아 등과 함께 가져갔더니 신랑이 더디 오므로 다 졸며 잘 새 밤중에 소리가 나되 보라 신랑이로다 맞으러 나오라 하매 이에 그 처녀들이 다 일어나 등을 준비할 새 미련한 자들이 슬기 있는 자들에게 이르되 우리 등불이 꺼져 가니 너희 기름을 좀 나눠달라 하거늘 슬기 있는 자들이 대답하여 가로되 우리와 너희의 쓰기에 다 부족할까 하노니 차라리 파는 자들에게 가서 너희 쓸 것을 사라 하니 저희가 사러 간 동안에 신랑이 오므로 예비하였던 자들은 함께 혼인 잔치에 들어가고 문은 닫힌지라 그 후에 남은 처녀들이 와서 가로되 주여 주여 우리에게 열어 주소서 대답하여 가로되 진실로 너희에게 이르노니 내가 너희를 알지 못하노라 하였느니라 그런즉 깨어 있으라 너희는 그 날과 그 시를 알지 못하느니라(마 25:1-13)"

하나님의 나라는 등불을 준비한 슬기로운 처녀와 같습니다. 신랑은 언제올 지 알 수 없습니다. 하나님의 나라가 갑작스럽게 나타날 때, 준비된 자는 기뻐할 것이고 미처 준비하지 못한 자는 갑작스럽게 당황한 순간을 맞이할 것입니다.

니고데모도 예수님께서 하나님 나라의 말을 하실 줄 그는 알지 못했습니다. 하나님의 나라를 맞이해야 할 순간이 갑자기 올 수 있다는 말입니다. 예상치 못하게 온다는 것입니다. 하나님의 나라는 기대하지 않았던 것에서 이루어지기도 합니다.

함께 나누기

◈ 하나님 나라를 마음속에 맞이하기 위해서 무엇을 준비해야 할까요? 구체적으로 말씀해 보세요

인생 항로에서

Portia Nelson

난 길을 걷고 있었다.
길 한 가운데 깊은 구멍이 있었다.
난 그곳에 빠졌다.
난 어떻게 할 수가 없었다.
그건 내 잘못이 아니었다.
그 구멍에서 빠져나오는데
오랜 시간이 걸렸다.

난 길을 걷고 있었다.
길 한 가운데 깊은 구멍이 있었다.
난 그걸 못 본 체 했다.
난 다시 그곳에 빠졌다.
똑같은 장소에 또 다시 빠진 것이 믿어지지 않았다.
그곳에서 빠져나오는데
또다시 오랜 시간이 걸렸다.

난 길을 걷고 있었다.
길 한 가운데 깊은 구멍이 있었다.
난 미리 알아차렸지만 또다시 그곳에 빠졌다.
그건 이제 하나의 습관이 되었다.
난 비로소 눈을 떴다.

나 낸가 어디 있는가를 알았다.
그건 내 잘못이었다.
나 얼른 그곳에서 나왔다.

내가 길을 걷고 있는데
길 한 가운데 깊은 구멍이 있었다.
난 그 둘레로 돌아서 지나갔다.

난 이제 다른 길로 가고 있다.

수치심과 신화에서
벗어나기

1판 1쇄 인쇄일 · 2012년 12월 20일

지 은 이   김 홍 찬
발 행 인   김 홍 찬
펴 낸 곳   사단법인 한국상담심리연구원(www.kcounseling.com)
주   소   120-822 서울 서대문구 북아현동 238-12 전진빌딩3층
전화번호   02-364-0413   **팩시밀리** 02-362-6152
출판등록   제2-3041호 (2000년 3월 20일)

ISBN 978-89-89171-13-3

값 5,000원